留存着的书业时光

汪耀华 著

新华书店在上海敞开大门的往事 /

那些年，上海曾经的专业书店 /

书店，城市的一盏明灯 /

年轻时，工作在“大楼” /

行进在印刷厂的时光 /

一个业者对北美东风书店、三联书店的观察 /

……

上海书店出版社
SHANGHAI BOOKSTORE PUBLISHING HOUSE

序

承蒙汪耀华兄错爱，我有幸先睹了《留存着的书业时光》书稿，分享了他的感受和高见。我不懂书业，但在民进活动多年，结识了一些出版界的会员，从他们这里得到很多教益，也了解了一些书业的情况。上海是中国民主促进会的发祥地，也是中国现代出版业的重镇，上海民进中集中了众多优秀的出版界人士。他们业务精湛，关心国家和社会发展，在党派参政议政和社会服务活动中，发挥了独特优势和作用。我记得耀华兄就对民进的刊物质量、出版界民进组织的建设、民进在“上海书展”期间举办出版研讨会等事宜，提出过很好的意见和建议。我还时常聆听和阅读了他就书业发表的高见，知道他长期从事图书发行工作，主编《中外书摘》，专门研究书业的历史和现状，笔耕不辍，著述丰硕，持续地努力搜寻和整理着书业中正在变迁或消逝的人和事，使它们能够长久地留存在我们的记忆中。继《阅读纪事》、《上海书业名录（1906-2010）》、《书景》、《上海书业同业公会史料与研究》、《出版空间：理念与实务架构》、《书香圣殿：法兰克福国际书展》、《“文革”时期上海图书出版总目（1966-1976）》、《留在笔下的新华书店》和《1843年开始的上海出版故事》等文集问世以后，最近又将出版《留存着的书业时光》。这种真诚的社会责任意识和执著的学术探究精神，令我感动和感慨。

知识的传播和接受是文明社会基本需要，图书的创作和阅读是实现这种需要的基本方式。图书是最普及的文化“产品”之一，书业是历史悠久的图书“产业”，它通过专业性的研制和销售等工作，将图书的创作和阅读联系起来，构成了社会文化生活的基本质量和水平。与其他生产活动一样，书业的基本关系是图书的需求关系，书业的发展取决于两者的相互促进，包括图书的品种、数量和质量，最终形成启迪良知、促进文明、改造生活的效益。

不可否认，书业面临着诸多现实的挑战。比如，图书的传统作用和地位正在被分解，传播技术和方式的进步，新型媒体的涌现，使人们学习和交流的渠道更多样更有效，越来越多不依赖图书，书业需要采用新技术，开通新渠道，但又需要调整既有的“产品”意识。再如，在我国市场经济环境下，图书作为商品，需求成为市场，人们的图书创作和阅读意图更加多样，精神上和物质上的利益追求，共同构成了复杂的需求关系，而且并不总是协调。同时，书业自身的利益意识、自身与社会需求的关系也更加复杂，需要构建一定的操守和规则，协调好自身的社会效益和经济效益，不放大不文明的需求，不阻止文明的需求，成为文明需求的维护者和激励者，充分地引导好创作和阅读。再如，在我国传统的书业体制正经历着改革，国有的、事业的出版和发行单位，既要成为优质的企业，在市场环境中保持高水平的生产力，又要在国家的文化建设中发挥更大的引领作用。同时，大量“体制外”的书业组织问世，活跃于市场和社会中，开发了新产品、管理方式、服务方式和需求关系，也带来了新的价值意识和利益诉求。

凡此种种，既是书业建设中需要正视和应对的问题，也向书业研究提出了一个重要的课题：书业是社会文化的缩影，它变化的现象背后，有着深刻的、重要的社会原因。它变化前后的现象，包括图书、组织和制度，都见证了社会文化发展的历史过程，保存这些历史的记忆，是地区文化建设的任务，也是书业发展的应有之义，需要有人关注和投入。耀华兄作为书业中人，以此为己任，值得称道，应当赞赏。忝为序。

蔡达峰

民进上海市委主委，同济大学副校长

2016年6月13日

前言

本书各篇文章通过记载近年的生活经历，从书业往事追踪、职业生涯回味、书店行走观察、书人访谈纪要到作为课题的研究成果……

在感叹时间都去哪里了之余，一个被媒体视为更有希望、更加振奋的“十三五”开局了，一个个宏伟蓝图经过多次描绘之后终于开始实施。

上海出版（传统的出版、印刷和发行业的合称）经历了之前的改革开放，在“十三五”期间会有怎样的表现呢？

经过集中、分拆，在每一次改革举措实行之前都有理论依据或非改不可的紧迫感鼓动下，上海市新闻出版局旗下的市属出版单位先是由部分单位组建世纪出版集团，稍后又将另外数家组成文艺出版集团，在做大做强的背景下两大集团再行合并。经过多年的努力，受着环境的制约和多种矛盾，业者的自豪感、成就感似乎并没有与时俱存。新华书店改制成集团、上市，轰轰烈烈成为中国书业第一股之后，经营地盘和经营业绩几乎也早已进入迷茫时期。一些为上市而并入的潜力公司也已经进入衰退期，上级单位从市委宣传部、解放日报社变成了上海报业集团。

上海印刷公司经过不断的腾挪，叶落青浦之后，上级单位也从上海文新集团归入上海报业集团。

过往的经历，上海出版都在向报业靠近。上海出版的顶层一直在变但又一直在行走。原因很多，也有一些说不清道不明的故事。只是，在这个“十三五”开局之年，上海出版又会有哪些变数？变是硬道理。

也许，改良新华传媒这家上市公司，出版、印刷、发行变成“三合一”，推行巩固老阵地、拓展新领域的策略，是否会成为上海出版正在谋划的蓝图？

……

对于这些话题，我依然是个观察者、记录者。

汪耀华

2016年2月

目录

序 ……………………………………………… 蔡达峰 1

前言 …………………………………………… 汪耀华 1

新华书店在上海敞开大门的往事………………………… 1

新华书店在上海的“地产”变迁录………………………… 12

那些年，上海曾经的专业书店…………………………… 31

书店，城市的一盏明灯………………………………… 46

上海书市：从1981年开始的经历………………………… 58

追念那时的发行学校…………………………………… 74

年轻时，工作在“大楼”……………………………… 78

行进在印刷厂的时光…………………………………… 90

为“人民”服务……………………………………… 103

重回总店……………………………………………… 117

河南书香体验行……………………………………… 123

塞上书香看银川…………………………………… 132
在贵阳，寻找买书的空间………………………… 138
苏州人的书香生活………………………………… 142
一个业者对北美东风书店、三联书店的观察……… 149

金浩：钟书于书 用心于事 ……………………… 164
钟书阁，是否具有复制的可能…………………… 174
上海扶持实体书店资金落实始末………………… 192
三书店各受助10万元之后………………………… 203

第一线：发行师的现场感悟……………………… 211
掌门人：实体书店如何突破……………………… 234
发行师：传统渠道该怎么做……………………… 250
江苏最美书店评选有什么启示？ ………………… 261
莫要缺失个性……………………………………… 268
回归抑或成功转身………………………………… 271
期待新季风不悲情………………………………… 274
展示书城的立场…………………………………… 277

褚老师，因为有你…… ………………………………………… 281

后　记………………………………………………………… 288

新华书店在上海敞开大门的往事

伴随着电子阅读、电子商务的发展，今天，人们阅读的方式已经多元，纸质图书只是阅读的一个来源。同样，卖书也不仅仅只有新华书店一家。到新华书店买书，既是读书人的一种情怀，也是一种选择，可是，新华书店在上海开始之初的情景，却是十分热烈而值得记忆的事情。

进城接管忙开业

1949年5月27日，上海解放。5月30日下午，上海市军管会军代表祝志澄、王益兵分两路对正中书局（四川北路新乡路1号）、中国文化服务社（福州路679号）实施接管。在预先通知对方并由全体工作人员参加的接管仪式上，宣布了上海市军事管制委员会决定接管的命令，要求将所有财产编制账册移交，全体工作人员要认清形势配合政府接管，新政府将对留守人员量才录用:如愿意离开的，提出申请经获准后酌发遣散费；愿意留任的，则进行考核录用，等等。接管仪式结束后，宋玉麟等同志奉命到河南中路170号接管正中书局发行所，朱晓光等同志当场开始接管中国文化服务社。

当天的《人民日报》发表《祝上海解放》的新华社评论："革命的出版、发行大军胜利会师了，一个共同任务就是要尽快地解决上海人民如饥似渴地要求学习马列主义、毛泽东思想，以及了解党的方针政策的各种革命书刊。"

很多时候，人们会把新华书店、人民银行、人民邮政相提并论，这三家机构在解放初期的进城经历基本是一样的。5月30日，华东新华书店总店在刚刚接管的四川北路新乡路1号正中书局总管理处挂牌；中国人民银行华东区行、上海分行也在5月30日开业；6月27日，华东邮政管理局在上海成立。三家机构都是在"边接管，边建立"的方针下开天辟地，迅速成为遍布市区、城乡二级网络的行业代表。

敞开大门迎大众

经过对存书清点打包、新书上架陈列及人员招聘培训等紧张的准备，6月5日，新华书店第一、第二临时门市部同时在福州路679号、河南中路170号开业，开启了新华书店在上海传播毛泽东思想、建设新民主主义文化的征程。

不过，新华书店第一、第二临时门市部最初却是由两个单位开设的。第一临时门市部由中共中央宣传部出版委员会南下出版工作组设立，经理朱晓光、门市部主任丁之翔。朱晓光同志南下前在中组部集训学习进城纪律时，中宣部出版委员会主任黄洛峰交代的任务是“代表中央宣传部用最快速度协助华东方面在上海开办第一个新华书店，以适应我国最大工业城市广大读者的迫切需要”。第二临时门市部由华东新华书店总店开设，经理宋玉麟、门市部主任邓浩光。华东新华书店总店是1948年7月由山东新华书店总店改建而成，中共中央华东局宣传部1949年2月指示经理王益、副经理叶籁士、刘子章率领三百多人随军南下，从山东临朐坐船到江苏宝应、扬州经镇江乘火车到丹阳进入上海。直到9月1日新华书店上海分店成立（经理朱晓光、副经理宋玉麟、蔡学昌），新华书店在上海的组织机构才算整合，天下一家了。新华书店临时门市部的工作人员则由斗志昂扬的南下同志、意气风发的原在上海坚持地下工作的同志和充满期待的新同志（包括地下党新吸收、接管后留用的同志）三部分组成，人们穿着黄军装、蓝色列宁装，成为新上海别有风采的店员。

宋玉麟同志在三十年后曾撰文回忆："一九四九年六月五日，在刚解放一周的上海，新华书店正式开始营业，毛主席亲笔题写的新华书店四个大字在上海第一次同广大读者见面了，一个公开的党的出版发行机构向上海人民敞开了大门。从此，上海广大读者可以在新华书店公开选购、阅读马列著作、毛主席著作以及党的政策文件，再也不会遭到国民党特务跟踪与迫害了。"

笑意写在了脸上

新华书店最初的店招是朱晓光同志从北京带来的毛主

席题字标准体，被放大后用黄色颜料书写在红布上做成横幅张挂在门前，书柜也铺垫着红布，摆放着《新民主主义论》（30元）、《论联合政府》（80元）、《中国革命与中国共产党》（30元）、《论文艺问题》（30元）、《目前形势和我们的任务》（100元）等读者盼望日久的文化食粮。这些书是从三个渠道汇集来的：从天津接运东北、华北地区的一批图书通过火车、汽车运到上海；由山东新华书店赶印运来的；由上海地下党通过香港寄来纸型后在上海印刷的。华东新华书店编辑部迅速开展编辑、出版工作，在接管后的印刷厂及纸张、油墨等物资的基础上，出版了大批革命书刊，使《将革命进行到底》《整风文选》等快捷印制上市。在之后的半年时间内，华东新华书店在上海出版了134种图书。

5月28日创刊的《解放日报》在6月5日刊载《新华书店今日开幕 团体集体购书八折优待》的消息："上海新华书店临时门市部定于今日（6月5日）开幕，经售华东、华北、东北各解放区出版的各种书籍。其他大批新书正在赶印中。该店临时第一门市部设福州路云南路口前中国文化服务社原址，临时第二门市部设河南路交通路口前正中书局原址。该店为优待部队、政府机关、职工会、学校及其他团体集体购书起见，决定凡军管会、警备司令部（或其他部队）、市政府所属单位持有各主管机关介绍信，各职工会、各学校或其他团体持有职工会（或职工分会）、学生自治会或其他团体之介绍信前往购书者，一律照原价八折优待，零星门售仍照原价。”

《解放日报》6月7日刊出了《新华书店日售新书籍万余册》的新闻：“新华书店自五日开幕后，当天即销售一万二千余册，以毛主席著作《新民主主义论》《论联合政府》及其他马列主义书籍销路最佳。《新华文摘》与东北各种杂志，购买者亦甚多。昨天据不完全数字，销路和前天差不多，下午虽临大雨，购书者仍很拥挤”。

6月9日，《解放日报》又以《华北新书继续运到，新华书店顾客拥挤》为标题作了报道：“新华书店，从五号开幕日后，福州路第一门市部与河南中路第二门市部，青年、工人、学生、职员等各界读者拥挤。第二门市部统计第一天有一万五千余人前往购买新书，第二天接待一万八千人。第一门市部每天卖出《新民主主义论》《论联合政府》《中国革命与中国共产党》各五百余册，《目前形势和我们的任务》《中共党章》及《关于修改章程的报告》各三百余册，《思想方法论》及《大众哲学》《共产党宣言》各二百余册，各种新华文摘、东北画报等杂志销路均很好。现关于毛主席的著作及各种理论政策性的书籍都在赶印中，一周内即可印出，并均批发到各书店去广销。赵经理说：‘为全心全意为人民大众服务，定价特别低廉，每一面纸（一页为二面）不超过人民币六毛，如以团体名义来购买者一律打八折，特别照顾工人、学生。’第二门市部，第一天有十四个团体购买，第二天即有复旦、申新二厂等二十四个团体。原有职员说：‘文化界从来也没有这样过！’现该门市第一批从华北华东带来的书籍均已销完，第二批新书已部分来到。因营业兴盛，该门市部开发票的人第一天七个，第二天增加到八个，第三天九个，买书的人亦日见增加。另该店新老工作同志，工作均很积极，本来规定每天早九点半至五点为工作时间，他们却从早八点开始至六点才下班，增加两个小时工作。”

宋玉麟同志后来在主持1981年上海书市时曾与我谈及此景时很有感慨说，这次书展出现的读者排队买书、营业员来不及搬书收款的情景与解放初新华书店临时门市部的情况完全一样，读者与营业员互相关照，笑意写在了脸上。

新华书店职工不论从哪方面来的，当时大多数还是单身青年，过着集体生活、睡集体宿舍、吃食堂饭，丁之翔同志曾回忆：“当时的营业员都很年轻，没有家庭负担，上海解放了，大家心里高兴，所以不计较待遇，不计较时间。为了发行好革命书刊，他们一大早跑步到福州路门市部来上班，晚上也集体步行回宿舍，像部队一样过着集体生活。尽管当时工作那么紧张，每天都要工作十二小时以上，但大家都不知道疲倦似的，工作一结束，就在门市部的楼上、在宿舍大院子里，请曾在宣传队里工作过的女同志教唱革命歌曲，请从东北革命老区来的同志教扭秧歌舞，听老区来的同志讲革命故事。那时的生活的确是团结、紧张、严肃、活泼，整天沉浸在斗志昂扬的欢腾激情中。”

传播新知作贡献

6月5日，不仅新华书店开业，随军书店书报阅览室、三联书店上海联合发行所等也同时开幕，上海市军事管制委员会文化教育管理委员会连续发布针对同业的出版新规定，体现了既满足读者迫切需求又规范市场的目的。

6月4日，中国人民解放军第三野战军新华书店在上海市区八仙桥青年会二楼雪赓堂举办的“解放区出版书报阅览室”开始向读者开放。第一天，从早到晚挤满了人，其中以青年学生和青年职工较多，这些读者贪婪地阅读毛主席的著作和解放区文艺创作、中国革命问题，中共各种政策及马列主义理论等。开始三天即有三千三百余人参观，该阅览室为了满足读者需要，临时增添了五十多种图书杂志和南京、无锡、旅大、嫩江、延安等解放区出版的二十多种报纸，还将工作时间延长三小时（自上午八时至下午九时）。

6月5日，生活·读书·新知三联书店上海联合发行所同时在江西中路270号设立临时营业处复业，当天在《解放日报》刊出的复业启事称："我们三家书店，从创立以来，发行了二千多种进步书籍，编刊了三十多种有广泛影响的杂志，曾在七十五个城镇开设了分支店，因而遭受到国民党反动派不断的打击和压迫。到去年十月，我们不得已把上海的店同时结束。但我们本着为人民的文化服务的精神，和准备迎接新民主主义中国的到来，在香港完成了三店及其附属机构的合并，并在艰难的环境下排好或印好了四十多种新书，以及一些再版书。现在上海解放，我们得和读者诸君重新见面，将以更高的热情和更大的努力贡献于人民文化的发展，希望读者诸君给我们指教和支持。"复业之初，优待三天，一律九折；全部图书，举行特价。

1949年6月6日至6月20日，新华书店在《解放日报》报眼刊出了八次广告，主要介绍《目前形势和我们的任务》《联共（布）党史简明教程》《新民主主义论》《论联合政府》《论战后国际形势》《论国际主义与民族主义》《共产党宣言》《人民公敌蒋介石》等新书。

生活·读书·新知三联书店上海联合发行所在6月19日《解放日报》也刊出了一份书目，分列最新沪版新书、运到港版新书两类。沪版新书包括：《青年修养漫谈》周原冰著、《杂谈苏联》茅盾著、《朱元璋传》吴晗著、《鲁迅传》王士菁著等；港版新书包括：《中国经济的道路（修订本）》许涤新著、《思想教育举例》夏征农著、《陶行知的生平及其学说》白韬著、《子弟兵（北方文艺）》周而复著、《七四老人健康访问记》沈钧儒口述等。

阅读新华书店新书、三联沪版新书、三联港版新书，我们可以看出其中的差异，似乎新华书店介绍的新书以政治读物为主体，三联沪版新书偏向于青年读物，港版新书则文艺性更明显。三者之间，只有《向列宁学习工作方法》《暴风骤雨》各重复一次。三者的差异既与业者的侧重有关，应该也体现了阅读需求。可惜，这种差异不久就被统一了。

1949年9月1日，新华书店上海分店成立。从此，上海图书发行事业一步步发展壮大，为普及教育、传播知识作出了贡献。

2013年5月

新华书店在上海的“地产”变迁录

1949年5月27日，王益、叶籁士、刘子章等率领华东新华书店和中宣部出版委员会徐伯昕、祝志澄等汇聚上海，立即着手接管旧书店、创办新书店，使上海地界上的新华书店迅速从无到有、从小到大、从少到多乃至“独此一家”。

新华书店的基石或者说“地产”是怎样积累的？以接管、租赁、置换、购买等方式获得的家产使新华书店很多年来一直得以坚持“为读者找书，为书找读者”，坚持为社会大众提供精神食粮。

本文以新华书店在上海立足、扎根之初的办公机构、仓储物业的“地产”变迁为线索，将一些已经鲜为人知甚至被遗忘的陈迹重新还原出来，并谨此向诸多作出贡献的前辈致敬。

一

从新乡路1号、福州路390号、南京西路1号到四川中路133号，经过约五年的时间，新华书店奠定了扎实的“办公场地”家底。2012年6月，上海新华书店搬到了徐家汇。

1. 新乡路1号

1949年5月30日下午，军代表祝志澄和军事联络员宋玉麟以上海军管会的身份到达四川北路新乡路1号的正中书局总管理处，向已经接到通知并等候着的留守人员宣布接管命令。随后，在该地挂出华东新华书店招牌，开启了新华书店出版革命书刊、满足大众需求之路。

新乡路1号这幢三层砖瓦结构建筑，正中书局也是在1945年抗战胜利后接管的，时事日报社、大中出版公司同时迁入办公，这两家这个时候也一并被接管了。

立足之后的华东新华书店6月5日在上海福州路、河南路开出第一、第二临时门市部，组织93家同业推销新华书店的出版物，出版印刷适合市场需要的书刊，在华东区五省二市建店布局，为新中国华东地区的出版、印刷、发行业务的起步、发展建立了诸多“大本营”，也为上海新华书店奠定了大区级别的扎实基础。

因为是被接管的，新乡路1号房产当即由上海市军管会划拨给新华书店并办妥转户手续，在华东人民出版社1951年7月迁出后，被置换或分隔为宿舍。

二十多年前，我顺着前辈的指点曾去看过这幢房子，已经是满目沧桑，看不出甚至无法想象当初的民国官办第一书店和新华书店在上海第一个大本营的“腔调”了，而现在，这个门牌甚至这个路段都已消失。现在寻到的照片是我现在的同事、上海人民出版社石玉琪同志多年前在现场拍摄的。偶尔，我想着王益、叶籁士、宋原放诸位在这里进进出出的场景……

2. 福州路390号

1950年4月，华东新华书店与华东出版委员会合并组成新华书店华东总分店后迁入福州路390号新址办公。福州路390号原为世界书局“地盘”，1950年年初，世界书局被军管、清理后，底层改为新华书店福州路门市部，二至四层由华东总分店迁入了经理室、发行部等机构，编辑部尚留在新乡路1号，厂务部迁入大连路130号与新华印刷厂（原世界书局印刷厂）合署办公。

1951年1月，新华书店华东总分店根据上级指示，分拆为华东总分店、华东人民出版社、新华印刷厂华东区管理处。

华东人民出版社是1951年3月6日举行成立大会并在新乡路1号挂牌。据一本1951年5月初版的《中华人民共和国惩治反革命条例图解通俗本》封底显示，“出版者：华东人民出版社　上海新乡路1号；发行者：新华书店华东总分店，上海福州路390号；印刷者：新华印刷厂，上海大连路130号”。

分拆后，机构扩大、人员增加，华东人民出版社也在当年7月迁至绍兴路54号，直至1990年迁入上海书城大楼。新华印刷厂华东区管理处后来迁到延安东路110号（原世界知识社）……

福州路390号为钢筋水泥建筑，初为三层，后增至四层，现已变为六层，当时一层为门市部；二层是栈房及经理室、秘书科、人事科、计划财务科、业务科、党团办公室等；三层为工会办公室、职工俱乐部；四层为可容纳900人的大会场。

据1952年5月的一份资料显示，当时新华书店华东总分店、上海分店的办公场所大致有：

福州路390号共四层约二万平方尺，底层为门市部，二三四层是总分店四室一部，约350人办公。汉口路416号为课本发行部，有100多人办公，塘沽路530号（原正中书局货栈）为期刊发行部，有100多人办公。

上海分店经理室、秘书科、人事科、财务科的办公地在昭通路22号（原中美日报馆）。

业务科在福州路331号（原独立出版社）。

读者服务科在南京东路364号二楼，底层是门市部。

1952年1月起，华东总分店谋求承租汉口路50号的惠中旅舍，因为旅馆劳资双方矛盾还惊动了华东军政委员会、新闻出版局、文教委员会、财经委员会、市房管处、劳动局、店员工会乃至老闸区委、市委办公厅，陈毅市长和潘汉年、盛丕华副市长也有指示“原则上以不租用开业旅馆为宜”，促使华东总分店最终放弃惠中旅舍。

不过，华东总分店还是在华东新闻出版局、市府房地产管理局的协调下，在1953年年初承租了广东路543号中央旅社，二、四层为职工宿舍，三层为招待所。因其干净、周到的服务，廉价和便捷的交通，六十年了，这个被简称为“广东路招待所”的地方一直是各地出版发行人士抵沪公干、旅游的下榻之地。现在，这里已经开始整体动迁了。

3. 南京西路1号

南京西路1号原为新世界旅馆，系1915年开业的新世界游乐场南楼，1930年将二至四层辟为新世界旅馆，底层曾改为剧场，后为商场。解放初期，旅馆业不景气，新世界旅馆的业主也无心恋旧就将该地租给老闸区税务局办公，1952年年末老闸区税务局退租，华东总分店“相中”这个楼盘，通过房管部门协调承租了下来。这是一个“地点适中、大小合用，靠近我们现有的饭堂和宿舍”的地方，基本解决了集中办公的问题。

新华书店华东总分店编印的《华东发行》第93期（1953年2月27日出版），“报眼”刊出了下列文字：

各分支店请注意：

最近各店对于我处各部门迁移新址及使用电报电话问题，来信很多，兹答复如下：

1. 办公、人事、计划室及竞赛办公室等迁至南京西路一号，电报挂号40001，电话93301、93306。

2. 图书发行部、财务室目前仍在福州路390号，电报同上，电话92290。

3. 课本发行部目前仍在汉口路416号，电报挂号11380，电话92396。

如有变动，容再通知。

华东总分店

1953年5月，确定总分店电报挂号为40001，上海等分店为40002，宁波等支店为40003。

1953年4月，华东总分店依照加强领导、减少层次、合理使用干部的原则，调整内部组织机构，设立办公室、计划财务室、业务部，“各部室都集中到南京西路1号办公，只有运输科仍留武进路393弄11号”。

1954年8月，由华东总分店发行部门改制成立的新华书店上海发行所也在南京西路1号宣告成立。

1955年年初，新华书店搬出后，这里变成了上海市文化用品公司办公室、工宣中学校舍（原在西藏中路365号的上海音乐书店二楼也属工宣中学，后来双方换房，音乐书店将原在河滨大楼的邮购组房屋换回了西藏中路365号二层，加上之前搭建的假二层，貌似已有三层），1980年划归黄浦区少年宫。

我最初知道南京西路1号曾为新华书店办公地，还是市店在黄浦区少年宫举办的1985年月历画展览时听市店供应科刘諟明科长说起的。那时，南京西路1号底层仍由采芝斋、人立服装店、东海皮件商店、南海衬衫店等经营。

1991年整栋楼改建为精品商厦，2002年被市政拆迁变成今天的绿地。

1954年11月，新华书店上海总分店随着大区行政机构的撤销而撤销，人员分别转入新华书店总店、上海发行所、上海新华书店（简称上海市店或市店）。

4. 四川中路133号

据上海新华书店老领导孙立功后来向我介绍，1954年他是总分店办公室主任，在卢鸣谷经理的指示下，又开始寻找办公场地。甚至还到英国总会、法国总会乃至国际饭店看过“地形”，但均显不适合而另择他处。后来，在外滩附近的四川中路133号卜内门洋行，看到门关着估计房子是空的，感觉此处挺安静的，适合办公。就敲门问，值班人员说，一楼到四楼是空的，五六七楼还有外国职员留守。商定后就与房地产管理部门联系要求迁入，只是，该洋行不属文教单位接管范围，就到军管会进行登记后搬进去了。

新华书店搬入四川中路133号大楼，门口悬挂的木质店招有两块：上海新华书店、新华书店上海发行所，等到2012年6月从这里搬出，差不多已入驻六十年了。

1949年9月华东新华书店在发行部辖下成立上海分店，负责上海地区的发行业务。1951年2月上海分店单独建制，成为全面经营上海地区各项发行业务、经济独立核算的单位。

当初接收卜内门洋行并入驻五至七楼，乃至现在拥有整幢楼的是如今的上海商业储运公司。当时，新华书店在一至四楼，基本格局为一楼门卫、秘书科、食堂，二楼业务部门，三楼发行部门，四层政工部门。

储运公司和新华书店上下相邻办公，很多年彼此都相安无事、互有照应。不料，2002年储运公司上诉法院，要求与新华书店解除租赁合同，当时法院的驳回理由是双方建立的租赁关系，是国家计划经济体制下国有公司之间依国家行政宏观调控所建，是国家对国有资产的重新分配。“新华书店承租权的取得并非基于商业储运公司的出租意思表示，而是基于市府的有关文件精神取得”。2004年储运公司不服裁定但仍被驳回，2009年又“一事二诉”被驳回，并确定为终审裁定。2012年，新华书店弃租，储运公司在进行了若干补偿后终于获得了大楼的所有支配权。

二

新华书店的“地产”家底是由办公机关、经营场地（书店）、货栈仓库组成的。其中，经常呈现在大众眼帘的是遍布全市主要街道的新华书店（图供部、发行组等等），货栈仓库在经过六十多年的洗刷后，早已浸入历史深处。

1. 东大名路

解放初期，上海市军管会将接管的原由国民党系统主办的出版发行单位及其图书货栈移交给了华东新华书店，加上自行租赁，新华书店初期的仓栈迅速保障了书刊的发行。

1951年1月，华东总分店将发行机构划分为图书发行部、期刊发行部和课本发行部，相对应成立了三个栈务科：图书栈务科设在西康路489号，原为正中书局印刷厂，被接管后腾空改作新华书店仓库，面积有2949平方米；期刊栈务科设在塘沽路280号，原为胜利出版公司，是在接管后移作仓库的，面积约为500平方米；课本栈务科设在东大名路1060号，此地部分面积原为正中书局租借的仓库，接管后退租的同时再向业主茂吉堆栈租借了原地70号仓库3000平方米、60号仓库1000平方米做仓库。

1949年7月成立的上海联合出版社，是一家由华东新华书店联合61家出版发行单位从事课本出版发行的新机构，1950年结束营业时将中山东二路1号仓库、福州路623号（原京华酒家）社址移交新华书店；以经销被接管的世界书局、正中书局旧存图书为重点的实用书店在1952年1月结束时，将江西路仓库、福州路519号（原中国印书馆）门市部移交新华书店。

1953年，华东总分店期刊发行业务划归上海市邮政局办理，塘沽路530号、280号的办公地、栈房一并移交，期刊发行部撤销。同时，华东总分店将图书发行部、课本发行部合并为业务部，稍后也就成为新华书店上海发行所，两个栈务科也归其管理。

1954年1月，由商务印书馆、中华书局、开明书店等发行、栈务部门组成的中国图书发行公司上海分公司与新华书店合并，中图上海分公司所有的仓库包括广东路306号约2000平方米、河南路约1300平方米、溧阳路200平方米、江西路135弄3号底层、北苏州路河滨大楼仓库等被划归新华书店。

1954年11月11日，上海发行所办公室在《华东发行》刊出"代邮"：

上海发行所储运部所属运输科已于11月11日从西康路489号迁往东大名路1060弄60号办公，今后有关与该科业务往来，希迳向新址联系（电话51061号，电报挂号10012号）。

1958年，新华书店上海发行所、新华书店上海分店合并为上海新华书店（两块牌子一套班子），决定将图书全部集中到东大名路仓库、画片集中在广东路306号仓库。

2. 沪太路

1958年，上海新华书店在沪太路751号征地21亩建成5200平方米的砖木结构仓库（此地现已租借给金海马家具城），除保留广东路306号（部分办公、托儿所、医务室、食堂）之外，其余书栈仓库或调整给古籍书店、国际书店（外文书店）或置换。

1980年，上海新华书店在沪太路785号征地23亩，1982年5月建成建筑面积22000平方米的五层仓库，建筑面积7000平方米的办公、机修等配套用房，整个工程花费了500多万元。当时，我还是上海新华书店发行学校的学生，曾多次去仓库实习劳动，挪库甚至铲土、拆旧。记得，那时去沪太路劳动，是要穿旧衣服带袖套和口罩的，虽然那时没有几件新衣服。每次由58路公交车从上袜一厂站上车返回时，鼻腔总是黑的，头发总是沾了灰的，候车时就有一种如释重负之感。想来，我也曾为新华书店家产的积累吃过灰、出过力。

1986年，上海新华书店在七宝征地6亩，建成11200平方米的仓库；1988年，东大名路1060号仓库弃用，与房产企业合作开发房产；1992年在宝山场南征地38亩。其间，在彭浦、场南、姜家桥等都曾租借过仓库。

3. 铜仁路

新华书店上海发行所编印的《沪所通讯》1959年第9期刊出：

我所储运部各仓调整业务分工

最近我所储运部各仓库业务范围和工作分工作了调整，请各销货店注意：

第一仓库——东大名路1060号，负责上海人民、财经、上教（图书类）、华东师大、新知识、农业、上海文艺、少儿、中华、古典、商务、龙门、上海人美（画册）等出版社出版物的收发保管工作；

第二仓库——沪太路751号，负责上海科技、上海人美（画片）等出版社出版物（包括画片、肖像画）的收发保管工作；

第三仓库——铜仁路195号，负责高教、人教、上教（课本）、地图等出版社出版物的收发保管工作。

今后遇有查询，请按各仓库经管版别的分工，直接与各有关仓库联系，如有退货也请分别包装，迳寄有关仓库，免得辗转浪费时间。

这里，首次出现了铜仁路195号的第三仓库，我在编《书香传承——上海书业旧事》时，收纳了多篇相关回忆，但均未谈及铜仁路195号这个在1948年出版的《上海市行号路图录》中标点为中华书局栈房是何时归入新华书店的、又是哪年迁出的？假如我手头没有这期《沪所通讯》，也沿用常见的说法——1958年，沪太路仓库新建后，将西康路仓库移交化工局下属单位，似乎只剩沪太路、东大名路两个仓库，那多少会成为憾事，而且这种说法也已留传多年了。

据2012年出版的《中华书局百年大事记》载：

1946年9月，第一次局务会议讨论，“除出纳、书栈两部分外，10月6日起迁澳门路集中办公”。

1951年1月1日，中华书局等联合组建中国图书发行公司时，“我局发行机构的业务及人事领导权移交中图公司。原业务部所属供应、书栈、分局三课即行撤销，总公司及发行所转中图人员共135人”。

这个书栈是否就是铜仁路195号的栈房？

1951年7月27日，中华书局劳资协商会议上，工会同意资方彻底清售剩余物资、处理废置不动产以盘活公司资金的意见，其中包括“铜仁路老厂全部房屋31幢，连同室内设备，以86亿元售与市卫生局，于11月28日成契”。这里只是说老厂，没有说栈房。其实，栈房与老厂是两个地方，栈房门牌是铜仁路195号，老厂是南京西路1480号。1958年，中华书局上海办事处改组为中华书局《辞海》编辑所、中华书局上海编辑所，这是否才成为原有栈房或售或租予新华书店的契机？新华书店这个第三仓库又是何时迁出的？

这个疑问缠绕了我几个月。在中华书局百年庆期间、在中华印刷厂百年庆典期间我都曾求教过、打探过，但都不知所云。我也到过上海静安区档案馆探访，翻了《静安区地名志》《静安区志》，竟没有一点讯息透出。

铜仁路195号在1979年夏成为上海财贸干校总部，1980年改为上海财贸党校，1994年建成中欣大厦。这个演变可以从网络上查出，只是，中华书局栈房怎么变成新华书店第三仓库，又怎么成为财贸干校的呢？在多方探求后，靠着我多年前在四川中路133号新华书店及同在一个屋檐下的商业储运公司的人脉，终于梳理出了大致的变迁：

1967年10月，商业部上海储运公司在铜仁路195号建立上海储运机械厂，1975年划入更名后的上海商业储运公司并与该公司的有关部门合并之后迁出，此地被上级改为上海财贸干校总部。之前，铜仁路195号为水隆仓库所在地。当我将这些信息告诉新华书店上海发行所储运部原主任杨存光时，他明确告知，这个仓库是1959年从储运公司手中商借作为课本周转仓库，一年忙两季，平时只有几个人留驻，几年后就退租了。那么，这个地方之前如何成为中华书局的栈房？杨主任并不知晓。但是，他提供了一个假设：铜仁路195号是水隆仓库，早年曾被中华书局租借，1952年中华书局总部迁往北京后退租（中华书局大事记中没有详细反映，似乎也证明此地的物权不属中华书局），水隆仓库归并储运公司，也许因为曾经做过书栈，所以新华书店才会在茫茫之中承租。杨主任回忆，当年留守仓库的万先生就住在附近而且业务很熟……

2007年10月，上海新华传媒图书物流中心在囤积了十多年、占地38亩的空地上建成30000平方米库房和若干办公区域。沪太路785号仓库和四川中路133号发行所、市店的业务部门全部迁入办公。

2012年6月，上海新华发行集团等新华书店管理机构悉数从四川中路133号搬出，开始了新的征程。

2013年3月

那些年，上海曾经的专业书店

在一个不太遥远的昨天，上海的大街小巷散布着一群与新华书店“百家书店一副面孔”有别的专业、特色书店，它们不同常规却兼具专业门类齐全、备货品种丰富、反馈信息迅速、服务方式多样的新格局，炼成了一种“人无我有，人有我全，人全我特”的经营特色，成为一代读书人追逐的目标。

遗憾的是，那时的专业书店现在几乎都已消失。消失的原因各有不同，诸如市政动迁、专业式微、买书便捷乃至管理层的经营取向、职工的从业心态变化等等。不过，回望差不多三十年前出现的那些专业书店，对我等曾经的亲历者乃至众多的读书人而言，即便不说依然充满激情，也至少记忆犹存吧。

老牌的专业书店，譬如外文书店、上海科技书店、内部书店、邮购书店、上海音乐书店、古籍书店、上海旧书店、美术书店、少年儿童书店等等，都是在新中国成立后的十七年涌现的。这些专业书店创办时的盛况，我不是亲历者，那些亲历者渐渐老去、关于这些专业书店的史料也渐渐散尽的时候，近些年我一直在鼓励亲历者们把曾经的青春岁月书写出来，也一直身浸其中，与同道一起编写着这些书店的“大事记”。自然，做这些事因为是自费，也消费了不少时间、精力。偶尔想想，时间都去哪儿了？噢，不少时间是花在这件事上了。

收获也是有的。于是，丁守垠老人写出了《多姿多彩的上海音乐书店》，记叙了1961年开业的上海音乐书店的沧桑历程。曾经，贺绿汀、丁善德、周小燕、黄贻钧、周信芳、俞振飞、袁雪芬、朱践耳、陈钢、薛范等都是该店的常客，在唱片、磁带、像带的陪伴下，音乐书店一直是音乐爱好者、音乐发烧友的“音乐之家”。2014年年初，我约丁老写此文时，曾登门拜访过他，他特地来公交车站相候，临别时又送至车站，并一直等到车来，我上了公交车之后回望，丁老一直站着……后来，我把丁老的文章稍作修改后送给《出版史料》，承编辑卓玥的支持，刊发在该刊2014年第三辑。此后不久，我便听闻丁老在当年10月31日因病逝世了。丁老在该文最后写着：“笔者于1983年3月因组织调动离开了音乐书店。虽然离开了，但一种难以割舍的情愫一直萦绕着，思量着自己曾为上海音乐书店一员而深感荣幸。”

王惠娟老人为回忆美术书店，联系了几乎所有当年的老同事，共同追忆了那时的青春岁月。这家书店存世仅三年，一般人的记忆都模糊了。但它在王慧娟老人的记忆中是清晰的：

美术书店是在图片门市部的基础上建立的一家专业书店。该店设在福州路310号（山东路口），它的前身是“大东书局”。据说房屋的原主人是个佛教徒，所以，在房屋的顶上（山东路转弯角）造了一座醒目的宝塔，成为福州路上的一景。美术书店成立于1963年5月8日，是一家独立核算单位，书店的门市布局是一楼门市以原来图片门市的品种为主，供应各种图片、伟人像、宣传画、语录、地图、教育挂图及连环画等；二楼门市供应中外高级艺术画册、碑帖、书法、册页及各种美术工具书。

当初的门市陈列为了体现美术书店专业特色，市店宣传科吴家华、王显宗负责橱窗设计。二楼门市场地内橱窗、陈列柜等都精心布置，定期更换，使店堂的艺术气氛十分浓厚，达到展销结合的目标，深受读者的好评。

1966年，“文革”开始，美术书店成了所谓的“封、资、修”批判对象。书店的营业面积、供应品种逐步缩小，最后，二楼门市美术柜台全部停业，仅剩底层门市供应毛主席像、语录、宣传画等品种。

1968年，工、军宣队进驻后，美术书店二楼成为大批判和隔离审查的场所。当时军宣队曾称美术书店是个“庙小乌龟王八多”的单位，大搞阶级斗争。

钱永林老人整理的由徐金凤、胡生长、江恩芳、沈敏杰等当事人对少年儿童书店的回忆，在梳理历史的同时，也对今天少儿图书市场的欣欣向荣表达了欣慰。

我曾在外文书店现有的“大事记”基础上烦劳张瑞芷、吴新华、顾斌三位前后任总经理不断补充……前辈们从青葱年月开始的事业生涯，为城市的文化普及、积累尽力作为，我等后辈显然不应该忘却得太快。

1977年开始，数理化自学丛书、35种中外文学著作、《青年一代》《文化与生活》等标志性的书刊大量上市，新华书店再次成为媒体的聚焦点、民众的关注点、社会的大热点。

由书业前辈任俊达撰写的《上海新华书店四十年概述》写道：“随着经济建设和科学文化事业的发展，人民物质文化生活水平的提高，读者对于图书门类和层次方面的要求也越来越高。”“十一届三中全会以后，上海新华书店系统专业书店建设的步伐大大地加快了”，这些书店基本上是在市店（上海新华书店）鼓励、支持之下由区店创办，成为区店下辖的门市部，一般为非独立核算单位，但也有申办经营执照，成为独立经营的主体。因为领导倡导、市场需求、社会支持，在很长一段的时间内成为了新华书店经理们热衷的事业，为新华书店获得了不少荣誉和光彩。如学术书苑设在南京东路新华书店内，教育书店、工具书店等由原先的新华书店门市部或库房分隔后单独成店，也有如保健书店、旅游书店则是用新置的营业用房来开设，等等。“在满足读者多门类、多层次需要，缓解买书难方面，专业书店发挥了积极的作用，专业书店的年图书销售量在全市新华书店系统图书销售总额中曾占到40%左右”。

对于进入新时期后开设的专业书店而言，我都是亲历者了。都曾手持“请柬”作为嘉宾，受邀参加开业仪式。我也曾是多家书店的前期策划者、媒体联络者、店堂装饰的指导者，还为很多专业书店编印过专业书目，成为专业书店的积极鼓励者。

我被调入上海新华书店图书宣传科，第一份工作就是编印《每月新书》（每月出刊，四开双面，介绍上海当月上市的新书200-300种，依出版社排列，含书名、作者、定价及少量简介，印一万张，由各区县新华书店免费分赠读者），在那个没有电脑、没有手机、纸张紧缺、印刷跟不上、书店还在闭架售书的年代，这可是读书人喜闻乐见的印刷品。三十多年过去了，现在我偶尔也在编书目，最近在编的是上海书展理想书房推荐书目。真是岁月匆匆，技艺不长呀。

1981、1986年上海书市，1990年的第三届全国书市，这几次书市的成功举办，离不开专业书店的实力。换句话说，没有专业书店的培育和储备，当年的书市想要举办成功，也是有难度的。同样，多家区店从书市销售中发现了专业、细分市场的活力，也增强了创办专业书店的信心。

艺术书店是在1982年11月23日开业的，周年庆时进行的统计是：销售图书310000册，外地邮购销售40000册、读者来信28000封、读者邮购户6500个，本市新书预订8000人次。《美国纽约摄影学院摄影教材》全国发行4万套、艺术书店销售2万套；傅雷《世界美术作品二十讲》二十多天售出1300册；《西方美术史纲》一次进货5000册无退货……

1983年省版门市部开业也和书市有着很大的关系。正是因为1981年上海书市时，设有一个省版图书销售馆，受着当时读者多、品种多的鼓励，南市区新华书店才以此为商机，将区店门市部改扩建成为省版门市部。

1983年1月20日，我编了一份《省版书目》（四开四版）。今天重看，发现了一些当时的记载：供应的图书有一百多家出版社出版的6000多种。其中，文史哲类读物4000多种、科技少儿读物2000多种，陈列展示以东北、西南、华东、中南、华北和西北六个行政区为大类，再分省分类。第一期《省版书目》印了5000份，我不知为什么还留了一份“分发单”：黄浦区店发300份，其他区店各200份，市店服务部、图供部、大专部、延安东路新华书店各100份，县店各发150份，其余都发给省版门市部。1984年3月15日出刊的《省版书目》第五期介绍了省版门市部一年的业绩：发行图书数量150万册，发行图书品种6000多种，经营104家出版社的图书，建立特约经销出版社44家，办理新书预订3000人次，办理缺书代办9000人次，读者来信50000封，复邮购读者信函9000封，读者邮购户4120个，邮购图书57000册，报纸介绍营业情况15次，营业员业务培训讲座7次……这些数据在当年也算正常，放在现在实在叫人羡慕。

1984年秋，省版门市部在市工人文化宫举办“省版书展”，先后举办了“走向未来”征文活动、“上海青年最喜爱的十本书”评选活动、琼瑶作品讨论会、“怎样读《人论》”研讨会等。后来，省版门市部改名为上海省版书店，一直作为省版图书在上海的重要集散地。

1984年，我开始为音乐书店编印《音乐书目》，那时，音乐书店还是上海新华书店辖下的一家书店。后来，改为公司、脱离市店，风风火火若干年后，随着西藏路扩建而跌跌撞撞几年，最终消失在大众视野中。有几年的大年初一上午，我都会邀请并陪同上海电视台新闻部记者去音乐书店、南京东路新华书店采访报道，当晚的电视新闻就会播放市民追求文化、小孩用压岁钱买书的新闻。那时的音乐书店很考究，会准备几碟点心或水果作为新年礼物，我也会收获几盒新潮音带。三十年前的音乐书店经营的业务已包括：音乐戏曲和配合教育用书的各种语言教育带、唱片、录像机、录音机、唱机、录像空带、录音空带、音响设备、电教用具，音乐理论、总谱、器乐谱、钢琴谱、提琴谱、音乐技法、戏剧曲艺、电影艺术、声乐、舞蹈图书及期刊、丛刊等。

上海工具书店店招由舒同先生题写。1984年9月15日，苏步青、谭其骧、杜宣等名人成了上海工具书店开业的嘉宾，静候着《辞海》（缩印本）供应的有二三百米长的队伍。后来，根据《新民晚报》记者朱伟伦的建议，上海工具书店推出了一项崭新的服务项目——“新婚夫妇（含待婚）凭结婚证可优先供应《辞海》（缩印本）”，通过店堂张贴的公告和《新民晚报》的现场采访等宣传，先后有近五十对新婚夫妇凭结婚证登记买到了《辞海》。很多年后，工具书店的多位当事人与我重温那些年的往事时，我从他们的眼睛中仍然可以读出一种光彩、一种兴奋乃至自豪。

法学书局店招由中国法学会会长张友渔题写，上海法学会会长徐盼秋亲任顾问。法学书局配合第一个五年普法教育时，销售《公民普法读本》达到30000册。

南京东路新华书店自1981年12月起在二楼设立文史哲学术专著柜，供应哲学、政治、法律、历史、地理、语言文字、文化教育、文学艺术等各类学术著作。1982年8月，我开始编印《文史哲学术著作》书目，在开篇《告读者》中写道：“为发展学术文化，促进学术交流，繁荣科学文化事业，更好地为专业读者和学术著作爱好者服务，我店将不定期编印《文史哲学术著作》书目。书目设有分类书目、重点学术著作介绍、新书征订、出版动态、为您服务等栏目。”第一期书目发送后，收到三百多封读者来信，对书目提出了批评、建议与期望。第三期书目中披露，“外埠读者函索第二期书目六千余”。第四期刊出老严、小孔、小陈、小黄、小赵、小鲍、小王、小张等八位营业员的荐书，被《文汇报》摘刊。《文汇报》记者载文称专柜职工“对书深有感情，卖书全心全意”。《解放日报》记者说，他们是“爱书、知书和卖书”。当年，黑格尔《美学》在专柜一个星期可卖100套，丹纳《艺术哲学》一个半月可销4000册。专柜1982年销售24.6万元，1983年销售49.8万元，1984年销售59.9万元，1985年销售64.9万元，1986年销售86万元。同时，作为对比，南东书店文艺柜的销售1983年87.5万元，1984年89.2万元，1985年为70.1万元……1987年11月18日，学术专柜晋级为学术书苑，店招由汪道涵先生题写。

1992年9月18日，由上海医学书店领衔主办的上海首届全国医学图书展销会在上海市工人文化宫举行，展销会组委会名单，我现在看还吓一跳，全文抄录如下：

名誉主任：陈敏章（国家卫生部部长）、谢丽娟（上海市副市长）；主任：徐福生（上海市新闻出版局局长）、王道民（上海市卫生局局长）；副主任：施杞（上海市卫生局副局长）、陈致远（上海新华书店副经理）；秘书长：张建中（上海市卫生局办公室主任）、沈琴娥（上海医学书店经理）；委员：卢乃和（第二军医大学校长）、汤钊猷（上海医科大学校长）、王一飞（上海第二医科大学校长）、陆德铭（上海中医学院院长）、朱广杰（上海铁道医学院院长）、施榕（上海医学高等专科学校副校长）、顺庆生（上海职工医学院院长）。

为专业书店编印这些书目，在我也是一件乐意的事。十多家专业书店都要编书目，我或到书店抄书目或校对，对于书的了解、对于市场动态的了解显然比别人多些，而且，作为市店职能部门的宣传推广，书目印刷费等也一并可以报销。那个时候，我还真忙。1984年10月出刊的《文史哲学术著作书目》的“编后絮语”小栏目中，我写着：“这期书目送到读者手里，已经是今年的第四季度了，肯定叫一些偏爱它的读者失去了信心，实在令编者难堪，真有点欠债的时间长了，更怕还债，可债总得还，于是，便匆匆地编印了这期书目，效果如何？真有点紧张。”这类率直的文字，在我编的书目中不时会出现，这也是我的真言。载至1990年，专业书店编印的各种“专业书目”累计达105期，向读者赠送达12万份。

备货品种丰富、开展多种服务、图书宣传主动、市场信息灵敏、坚持社会效益、坚持服务方向、坚持做好记录，是那些年那些专业书店的优势。1983年，上海新华书店发出了一份《关于办好专业书店的几点意见》，我现在拿出来读读，也感叹当年那些老同事的智慧。其中提及

“关于专业书店的特色问题，既称为专业，顾名思义就应该有专业特色，各该专业图书的备货，一定要做到：品种多、数量足、到货早；也就是说在各该专业类图书的备货上达到：一般店没有的专业店能有；一般店有的专业店必然要有。服务方式要道地、周到，要在‘竭诚’二字上下功夫。门市部要设‘每周’或‘每旬新书’专架，读者进店可见到最近新书，不必再到柜内寻找。专业书店和有关专业读者（包括团体和个人）要保持经常联系，以通信息和为他们服务，因此，有关专业性强、读者面狭，估计其他店订货少的图书，可以搞系统征订发行，但订单上应同时写明：‘可向就近新华书店和本店报订’，以照顾全局和整体团结……”

当年，推进发展专业书店对增加城市图书发行能力，进一步解决“买书难”的问题，是一个重要的措施。

上海，因为适时推出了一个专业书店方阵，使新华书店在改革开放初期颇受作者、读者和出版社称赞，也培养了一批业务骨干，至今仍然有很多员工因为有着专业书店的历练而倍感自豪。

现在，卖书的渠道多了，阅读的载体宽了，书店也在追求体验式、互动式经营，如果现在还有营业员能与读者聊聊书，彼此还能交朋友，难道不是一件快乐的事？

2015年8月

书店，城市的一盏明灯

2013年4月23日，坐落在上海松江泰晤士英伦小区的钟书阁开业，成为上海书业的新景观。二期扩张工程在2015年世界读书日揭幕，新增了童书馆、上海主题书馆、钟书大讲坛、世界图书博览馆等。同时，实施向外埠扩张的步伐。

2015年年底，钟书阁与扬州扬子江投资发展集团联合在扬州珍园时尚街区开设建筑面积1000平方米的第一家外地门店。扬州市正在倡导“推进名城扬州建设，谱写中国梦扬州篇章”，要以项目化方式推进文化扬州建设，于是，钟书阁的落户，就成了文化扬州的一个重要项目。钟书阁与扬州合作的愿景是“钟书阁扬州店，未来将不仅仅是一个买卖图书的书店，还将成为扬州市民阅读高端原版书籍的重要场所，更有望成为文昌商圈文化地标，甚至是扬州市文化新地标”。

钟书阁是近年在上海书业涌现的一张名片，成为外地宣传部门、出版集团和商业集团到访上海时考察的首选书店，也成为上海市相关领导莅临次数最多的书店。

钟书阁的理想被演绎为：实体书店不能仅仅局限于书籍的买卖、阅读和附加的咖啡服务，而是要以实体书店为载体，结合读书会、新书发布、写作研讨、生活沙龙、创意集市、电子阅读、网络购书、视听影音及精致餐饮等方式，从而成为体验经济模式下代表最新理念的精品文化综合体。据悉，钟书阁的单体经营业绩虽然在提升，但还不足以支撑其独立生存。但是，对于已经成为名片、品牌的钟书阁而言，经营的困局几乎已经不在顾虑、焦虑的范围之内。如果当地政府能再减免房租、改变区级图书馆采购机制、吸引更多的企业把到钟书阁参观、购书、讲座、游览等作为“一日游”项目推广，那么，钟书阁的单体运营就可以生成一种样本价值了。

钟书阁，无论是业主的定位还是舆论的诱导，都有一个关键词：中国最美的书店——从一开始就不是只定位于上海最美书店。这显得有些任性，可是，任性是要有底气的。从落地环境，建筑环境乃至室内投入，钟书阁都是国内书业中比较“舍得的”。

况且，钟书阁只是钟书公司的一个子品牌，钟书公司多年来一直以出品教辅读物为经营主体。我曾看见一份资料，由钟书公司经销的出版物在2014年上海新华传媒旗下的销售位居第一。这与钟书阁有关吗？

钟书阁的横空出世，实在有点“倒逼”新华的态势。使原本被同情、被可怜、被遗忘的实体书店有了被颠覆的感觉。这也许成为新华系感受到压力的一个理由。这种理由一旦被共识、被放大，那么，新华系的觉醒也就开始了。

2014年，新华传媒明显释放出改革的红利。书店职工的基本收入普涨，而且也有一定的幅度，这对于理顺领导与群众的心绪极有关系。以往，领导层总有些看不惯基层老职工，认为出工不出力、没有为企业创造业绩。在收入与销售额高度挂钩的分配体系下，彼此都有些“为难”。现在，改制、上市的红利在在职工的收入中获得逐步体现，这肯定是中国社会新一轮改革的一个良策。对于新华传媒而言，这一举措似乎也为之后的发展奠定了基础。

2015年7月24日，上海新华传媒终于在不间断的“关门”“调整”和寂静中开出了一家以“新华一城书集”为店招的书店，自定义为“以换标升级的方式，推出针对大型购物中心、百货商场的全新品牌”。

这家坐落在金虹桥国际中心（茅台路、娄山关路口）地下一层的书集约有1000平方米，除了时尚读物，也有亲子阅读、咖啡休闲、文创产品等其他业态。作为一种吸引术，这里开设了微信公众号、免费WiFi。开业仪式上，前往祝贺的领导得到了一个承诺：“下半年内新华传媒还将通过新开、改造方式，陆续在上海主要商业集聚区开出6至8家类似体验店，形成品牌规模优势。”

新华传媒的这种进取作为，还表现在对于旗下大中小各类书店的分级管理上。

上海书城作为上海最大的图书卖场，近年在网络销售、团购销售及针对上海宝钢集团开设的驻厂书集都取得了卓有成效的开拓，自2014年开始策划承办的年度中国超级书店论坛，也使其在全国同业中显现出领先、领头的实力。现在，上海书城已经开始将音像制品高中低档一应俱全，改为向高档靠近，腾出空间建立一个童书天地，将近年弱化的少年儿童书店的内涵和外延进行扩张，实现体验阅读、亲子阅读的新地标的目标。同时，一个上海版新书推广计划、微书店计划和新书发布计划正在有序推进之中。如何变被动地接受出版社的推广活动变为主动化、主体化地进行年度阅读引领，上海书城应该具有与这个城市的体量、内涵相当的作为。

同样，以前由计划性、规范化主导下形成的区（县）级新华书店门市部、专业书店，现在又如何升级换代？这是个难题，也是主流媒体和自媒体“讨伐”的话题。关，是一个问题，既有内压更有外在的压力；开，也是一个问题，单店核算之下，大面积亏损总是成为“出血点”也会带来切肤之痛。

福州路上的古籍书店、艺术书坊是上海图书公司的两大品牌书店；外文书店、美术书店是上海外文图书公司的“一大一小”两个品牌书店。近年，随着上海外文图书公司归属世纪出版集团（上海图书公司一直是世纪出版集团的成员），现在，这两家公司都成为世纪旗下的品牌了。

老书店、好书店，基本的格局应该是不变的，尤其是在风云变幻的发展年代，在不变中寻找突破，在突破中提升品质，这两家公司都做得比较有感觉。譬如，美术书店新设了一个展览厅，不大，简约性。我近日顺道去看了一个书画展，虽然这个书画展在哪里展都可以，放在美术书店的空间也没有太大的特点，但是，如果这个展厅能够结合新版图书推出原作展、新书发布、阅读辅导等，围绕美术类出版物的传播进行延伸展览，那就更有趣了。如果仅仅是设立了展厅没有做好内涵的开掘，那就如同书店里开饭店、上市做房产一样，总让人感觉有点游离。

古籍书店尝试开发的古籍版本数字化平台、艺术书店已经坚持多年的博雅讲坛，等等，甚至外文书店店堂内设的休闲咖啡座，都已经成为其内涵发展的一部分，成为其为读者服务的新举措。

2012年3月5日，大众书局上海福州路店将营业时间延长为24小时，一时成为新闻。2014年4月23日，北京三联韬奋书店开设通宵营业。之后，郑州“书是生活”书店、杭州“悦览树”24小时书店、深圳书城中心城24小时书吧，以及西安、太原等地都星星点点地开设了24小时不打烊书店。

福州路，因为有着上海书城、古籍书店、艺术书坊、外文书店、美术书店、大众书局，还算有点百年不变的文化味道。

《人民日报》在2015年世界读书日之际刊发了一篇《在中国一定要逛的58家书店，你去过哪几个》，罗列了8个城市的58家书店，北京有8家、广州7家、成都7家、杭州8家、厦门7家、南京7家、深圳7家，上海被搜罗的有7家：

季风书园、汉源书店、渡口书店、艺术书坊、钟书阁、1984BOOK STORE、鹿鸣书店。

2015年7月，媒体刊发过一篇《在上海，看书就要去这10家书店》的文章，叙述了韩寒“在一起”书店——和喜欢的一切在一起；Harbook+湾里书香——安安静静待一个下午的地方；钟书阁——邂逅沪上最美的书店；蒲蒲兰绘本馆——探寻错失已久的童话世界；罐子书屋——曼声徐度醉光阴，小楼斜阳倚窗棂；渡口书店——简单纯粹最动人；千彩书坊——怀旧中追忆张爱玲；汉源书店——“哥哥”曾在这里阅读老上海；陋室设计书吧——建筑迷的书店梦；1984BOOK STORE——独爱小清新。

这些书店，我大都留有足迹，曾经光顾过。只是，作为一个读书人，这些太偏文艺范，身处那些书只是其中的一种点缀、书店也多少只是一种故事一种场景的书店中，显然有些不适应。作为业内观察者，多一家这类书店自然是好事。现在，书店在靠近咖啡店，那么，咖啡店靠近书店，有什么不好？以往只剩国有经营的书店，现在有钱有想法有梦想的人都可以开书店，也是社会的一种进步。

书店经营正在多元化，书店不仅仅是卖书的地方。在买书不仅仅只有书店的现实下，多些看书的地方、卖书的地方、闲坐的地方对于一个城市的居民而言，显然是一种喜闻乐见的事情。只是，开张的时候要讲好故事，经营好。一旦关门，也不需要“祥林嫂”式的哭诉，好像大众负你债、不领情，政府不支持、不扶持似的。

多年来，我一直“坐在福州路，走在绍兴路”（福州路上是我坐班的出版社，我在编辑杂志；绍兴路上有家出版社服务部，我在受托管理）。那些沿街的甜品店、饮食店、画廊，能有三年以上经营时间的好像也不多。以致年轻的编辑中午走在福州路沿途寻食，很长时间可以不重复，下午茶之类的优惠常常会给人喜悦。由此推理，我们又如何要求一家书店必须相伴到老？宽容一些，书店的开开关关本也是平常事，只要基本面不变就是新常态了。

现在，方所、言几又等外地品牌乃至港台品牌都将对上海实施“渗透”，这些在上海落地的书店，对于打破现在的格局，吸纳年轻的读书人自然会有影响。只是，“开门七件事”，靠着商业运作，新开书店显然也不是一件容易的事。我等读书人，自然希望各色书店再多些，想去哪家去哪家，这也是一种境界。

书业人士面对现状，都在谋划开设体验式书店、一站式书店，理想是美好的，现实是骨感的。书店，如何在书的选择上多做些文章，也许更耐用。百货商厦开书店是多了一种业态，书店经营咖啡茶水之类是多了一些业种。只是， 仅仅都是“多”与“少”的事情，书店的基本面还是书，现在的书店在挖掘书的内涵层面仍大有空间。选书，是一门技术，在配送化、流水型运作的连锁书店变成便民超市之后，一些个性、独立书店在选书功能的发挥上提供了成功的范本，这也许就是大众书局要开电影主题书店、钟书阁开设上海主题书馆的原始想法之一。作为附录，我整理了一份多年前曾经销售占到全市书店40%的专业书店的名录，看看那时的专业书店群体与现在的特色书店群在图书经营上的取向，从而观察现状是否太弱化了。

曾经，网络阅读压缩了部分纸质阅读的群体和时间，网络购书又锐减了人们的一部分购书费用，加上闲暇时间的多元、阅读的碎片化、纸质阅读的边缘化等因素的制约，实体书店的生存受到冲击和打击，后浪推着前浪走，在前浪倒在沙滩上的同时，近年的书店为什么又出现了新一轮发展？其实，书是有人读的，书还是有人买的。只是，卖书，有点附加便利更好。人同此心，将心比心，书店，城市一盏盏明灯，总是不会熄灭的。

附录

1950年4月11日　国际书店上海分店开业（1958年8月改名为上海外文书店）

1956年5月20日　古籍书店开业

1956年10月7日　上海旧书店开业

1959年月10月1日　少年儿童书店开业

1961年2月2日　上海音乐书店开业

1978年2月11日　河南中路新华书店开业（原名中国图书发行公司），后改名为上海科技书店

1981年5月29日　内部书店改名为市店服务部

1981年11月4日 教育书店开业

1982年11月23日 艺术书店开业

1983年1月20日 省版门市部开业（1988年1月20日改为上海省版书店）

1983年2月1日 批发书店开业

1984年1月20日 旅游书店开业

1984年9月15日 上海工具书店开业

1984年11月10日 上海书刊服务公司开业

1985年3月22日 上海版图书贸易中心开业

1986年1月1日 法学书局开业

1986年8月29日 企业家书店开业

1986年9月1日 大学书店开业

1987年4月24日 上海生活书店开业

1990年9月8日 上海体育书店开业

1991年11月21日 上海医学书店开业

1992年9月16日 上海交通书店开业

1992年9月17日 上海建筑书店开业

2015年8月

上海书市：从1981年开始的经历

无论从政治角度还是出版视角或者市场乃至阅读层面进行判断，1978年5月在新华书店重新上柜的35种中外文学作品，都是一种标志，显示了新中国出版进入新时期，开始了“第二个春天”。

1979年，上海科技书店尝试举办了一次图书夜市，4天接待读者1.2万人次，销售图书5万余册、4万多元。1980年上海科技书店假上海体育馆（现在的上海大剧院原址）600平方米举办了1980年暑假图书展销，以“丰富师生暑假生活，配合新长征读书活动”为主题，18天售出图书34

万册、37.5万元。那时的上海科技书店响应建设“四个现代化”的号召，为建设科技现代化作出了贡献。我不知道这种说法是否成立，假如没有这两次尝试，就难有以后的1981年上海书市。

1981年

1981年9月6日-20日，上海新华书店主办并邀请上海书店、外文书店参加了在上海工业展览中心技术革新馆（现在的上海商城原址）3500平方米实用场地举办的1981年上海书市。

书市设七个展销馆：文史哲综合类图书馆、科学技术图书及各类教材馆、上海出版各类图书馆、各省市出版图书馆、音乐（录音磁带）馆、古旧图书馆、外文图书馆。制作了200只陈列橱和89块宣传广告牌，参展书刊2.2万余种。书市发出入场券28万张，接待读者24万人次，销售图书400万册、240万元。档案披露的数据还包括：亏损占销售总额的0.7%，整个书市费用约10万元，净利30多万元。营业时间是上午8:00-11:00、下午2:00-5:00，中午是歇业补架，清理、休整时间。中午停业的做法只有这一次，以后的书市就再没有出现过。为了接待好各地2400多个团体单位采购，专门开设了两个夜场。书市总结写道：“从各方面的反映来看，1981年上海书市做到了：宣传影响大，社会影响好；展销品种多，布置格局新；发行效果好，经济效益高；管理抓得紧，安全无事故。”

这次书市，受到了众多出版社的倾力支持，例如，湖南人民出版社派专人留驻书市，当天告知售缺品种，隔天即派专人携带图书来沪；四川人民出版社通过空运送来500公斤图书等，一些外地出版社主动设计、印制了多款书签、年历片，在书市期间散发的这类宣传品达100多万份。

市委、市人大、市政府的“一把手”陈国栋、胡立教、汪道涵等市领导先后到书市参观。

当时，场内张贴和不断广播着的“告读者”，我近期也从有关档案中找出，虽然带着那个年代的烙印，但仍然值得一读：

为了切实维护书市秩序，方便读者参观选购图书，保护国家财产不受损失，敬请读者协助注意以下事项：

（1）请把拎包放到门口“寄包处”去，不要带入馆内；

（2）请不要在馆内吸烟；

（3）请不要在馆内聚众喧哗；

（4）凡是开架的图书，读者可自行挑选。如需协助挑选，请向营业员提出，我们当热忱地为您服务。

（5）请爱护图书，翻阅时不要污损，并放回原处。如要购买请到指定的开单收款处办理付款和包扎盖章手续。

（6）凡未经包扎盖章的图书，请不要拿出馆外，以免发生误会。选购好的图书带出门外时，请自动出示给门口纠察验看。

（7）如发现有人损害国家财产等情况，望能就近告诉营业员。对个别有意不付款而将图书带出门者，要加倍罚款。

现在，只有快递而没有寄放处，工作人员也不能对盗书者加倍罚款了，这也算是社会进步的缩影吧。

记得当时，我是这届书市的工作人员，被静安区店选派到文史哲综合类图书馆工作。这个馆由当时的黄浦区店、虹口区店、静安区店协力承办。我服务的是文学书专区，每天的主要任务是配书、上架、理书，那是就业后的第一次大体力劳动，每天精疲力竭。当时的想法只是架上不要缺书，多配点书，反正什么书好卖就赶紧上架。那时，读者争抢《萍踪侠影》《书剑恩仇录》等，新书一到拆包也来不及，就是发牌那种速度都感觉慢。每天的愉快留在记忆中的只是同事间相互比较管辖的小书栈里库存还有多少？中饭、点心什么时候吃？吃什么？

想到这里，已经很久吃不到可口、实惠——来自上海新华书店职工食堂的饭菜和点心了。2004年，这家提供了二十多年工作日中绝大部分时间午餐的食堂关门了。想想当初的热闹，有种怅然之感。

这里，我把这届书市的领导名单抄录了一份，因为有着这些老同志的努力，才使我们今天有了更高的立意、更大的作为。

1981年上海书市领导小组成员是：黄巨清、张泽民、宋玉麟、严正、朱顺兴。办公室主任：宋玉麟。

1986年

上海展览中心在上海书业掌门人心中一定有着一种挥之不去的情结。上海人办书市，首选这块场地。这种情结从1981年开始，到1986年上海书市开始扎根。之后的日子里，我们还会因为书市而到上海展览中心去。

1986年上海书市由解放日报、文汇报、新民晚报、上海人民广播电台、上海电视台和上海新华书店联合举办，租借了展览中心东一馆5000多平方米开展，9月6日开幕，历时15天到20日结束，这届“登堂入室”的书市在陈列上开辟了10个专业馆、制作了160块出版社宣传广告牌、70只陈列橱、供应3万种图书。组织了教师、大学生、军人、老干部、驻沪人士等六个专场，有3000多家企事业单位派员到书市选书，整个展期接待读者20万人次，零售图书250万册、340万元，被称为“金秋文化盛会”。

这届书市为以后的书市（书展）在设计上提供了两个范本：

一、改革之前图书品种重叠交叉综合分馆的做法，设立的10个专业馆各自独立核算，场内实行超市式的开架售书。

二、书市搭台，出版社唱戏。上海人民出版社《首脑论》售缺后立即派人从装订厂取出2500册直送书市，浙江人民出版社以最快的方式送来了3000多套“生活启示录”丛书。开展了作者编者与读者见面会，新书首发式、读书报告会，电视智力竞赛、作者签名售书等18场（次）活动，“把大型书市办成一个文化气氛比较浓的活动是本届上海书市在做法上的一个新的尝试”。

媒体刊发了近百篇（次）的报道、评述。我找到了这届书市的工作小结，其中写到，因为开架售书使书市蒙受的损失是销售总额的0.797%，约27000元。上海文艺出版社的《性格组合论》销出了一万多册，上海人民出版社“新学科丛书”中的《关于思维科学》《领导科学概论》《社会心理学》等，分别销售出一千多册到四千多册，十多天的销售量超过了平时预计几个月或一年的销售量。又如湖南人民的“散文译丛”，浙江人民的“生活启示录”丛书，辽宁人民的“面向世界丛书”，天津人民的《当代干部小百科》，三联的《宽容》《情爱论》，四川人民的“走向未来丛书”，上海译文的《人论》《猜想与反驳》，上海辞书的《中国古代名句辞典》等，都成了吸引读者争购的目标。

这时，我已在上海新华书店图书宣传科谋职，当时的主要工作是印制各种宣传品、塑料袋、广告发布和一些活动的组织联络。在书市组织构架中，我属于宣传组，在多位前辈的带教下承受了不少压力，也获得了许多经验。

1990年

由上海市新闻出版局、新华书店总店、上海新华书店主办的第三届全国书市1990年8月30日在上海展览中心东一馆二层的6300平方米的展厅开幕。以二层中厅入口为序馆，设计了十二个展馆。读者进场参观序馆后从第一馆折返第二馆，可以顺道参观至第十二馆。整个书市配备了58只陈列橱、450块分类牌及250块宣传广告牌。

一本《书的魅力——第三届全国书市综观》（陈致远、臧令仪主编，我责编，学林出版社1991年3月出版），使我们在相隔十多年后仍能获悉其中的真实：“这届书市的宣传组，共提供了1800件广告衫、1万张海报、30万张入场券、1500张开幕式请柬、1500张团体单位请柬、30万张包书腰封、20万张包书封口粘贴纸、11万只塑料袋、1万张年历卡、800支圆珠笔。”这些数据，现在看着有点乏味，但正是这些数据才构成了书的魅力。

8月30日乃至之后的13天里，上海展览中心出现了书潮、人潮涌动的热烈场面。被媒体称为“使全国出版界感到震动”的这届书市共接待了22万人次，零售各类图书145万册、524万元。三联书店出版的蔡志忠漫画系列，上海人民出版社《十六岁的花季》，上海译文出版社《混沌》，学林出版社《实用中国养生全书》，花城出版社《钱钟书论学文选》，河南人民出版社“40年国是反思丛书”等成为这届书市的畅销书。

第一届全国书市是1980年10月7日至21日在北京劳动人民文化宫举行，第二届是1989年10月在北京举行。这之间相隔了8年，现在我们已经很难知道这个间隔的原因或者说为什么在1989年才被沿袭这个名称举行书市。但有一个说法，据说1981年不办全国书市的原因，是有关方面贯彻国民经济实行全面调整的结果。

不过，因为有了红红火火的第三届全国书市，才使这一品牌从此在各地游走，再也没有回到北京。2004年在桂林举办了第十四届，2005年是由天津主办，现在改名为全国图书博览会，2013年在海南举办。

这届书市，我以宣传组副组长（组长周松柏老师）从事书展整体策展、主体活动、宣传推广甚至业外广告招商、宣传品制作等工作，书市结束时进行了“好新闻”评比，姜小玲、房延军、查志华、褚钰泉、徐坚忠、朱伟伦、林伟平、郦国义、徐福生、陆谷苇、赵兰英、陈文、李仁达、王文煜、郑丽娟、刘文仪、萧楚章等记者获奖。在之前的多年和之后的很多年，这些记者一直与我有着很好的联系，我也曾多次获得上海“三报二台”“统吃”的优秀通讯员。

1996年

仍然在上海展览中心举行，展出面积6300平方米，汇集10万种图书、音像制品的首届上海图书节暨’96上海书市于1996年8月9日至18日举行。

本届书市以首届上海图书节为主题名，书市设了16个展馆，由上海市委宣传部和上海市新闻出版局主办，办公室工作班子仍由新华书店阵营组成。10天的书市接待读者30万人次，销售达1100万元。

书市期间举行了50项文化色彩浓厚的营销活动，包括首次世纪之交的中国出版报告会、上海十大藏书家评选、上海图书经营者愿天下儿童人人都有书读捐一本好书、世纪之交的上海出版物拓展内地市场前景分析研讨会、电子出版新趋势演讲会、上海版百种期刊封面展示暨上海期刊优秀封面评选、上海出版成就展等。还评出上海十大藏书家：叶中豪、陈子善、吴钧陶、张荣明、金文明、陶顺良、梁国强、曹正文、蓝凡、瞿永发。可惜，2011年的胶州路一场大火把藏书家蓝凡的珍藏都毁了，有关方面在取证时找到我这个当事人进行了举证。

这届书市与以往相比变化不大，因为都是以零售为主，每天平均3万读者的进场使得设计师在展馆空间、声光电的有效利用方面很少有机会展示。不过，从制作材料看，这届书市已完全摆脱了颜料手绘，全部使用喷绘、电脑刻字，使用了展架连接件、造型等。

这届书市从书市设计的角度来说，被认为是一个分水岭，表明书市开始大面积运用设计的概念，人们对书市的看法除了要求场地好、书多之外，还开始从展示的角度欣赏、品味了。

这届书展，因为我的老科长周松柏退休，书市办公室宣传组也改名广告宣传部，我出任了部长，从事着活动策划、报道联络、广告发布、场地布展乃至活动组织等工作，后期还协助赵建平主编了《共享书香——首届上海图书节综览》（上海人民出版社1997年4月出版）。

1998年

第二届上海书市1998年12月30日至1999年1月8日在上海书城举行（上海书城同时开业），名称沿袭’96上海书市而称第二届。

因为上海书城的建成，使书市可以不租借场地，还可以使几代读书人梦寐以求的一个“永不落幕的书市”成为了现实。

这届书市的主办单位是上海市新闻出版局，由上海新华书店、上海书城等六家书店承办，所有关注点都在上海书城，1月1日接待读者2.45万人次，1月2日销售83万元。同时，福州路文化街大型书店、专业书店及全市各家新华书店同时开设分会场，嘉定还设立了农村分会场，汇集了15万种图书、刊物、音像制品和电子出版物在上海书城大放光彩。整个书市总销售1073万元，接待读者81万人次。

本届书市推出各类丰富多彩的活动85项，数量和内容均超过了在上海举行的历届书市，被誉为年终岁首上海最亮丽的一道文化风景线。这些活动将图书展览与文化导读、社会公益、学术研讨、专题展示有机结合，在社会各界，产生了热烈的反响。百余位中外著名学者、教授、作家和文化艺术界人士在书市期间推出个人最新的学术文化成果并与读者进行了交流、研讨、签售，显示了上海书市的独特魅力和上海书城作为上海新的文化高地的广阔前景。

上海出版界支援灾区千所学校重建图书馆大型捐书、万把“文明伞”发放回收活动、仿真纸模型设计与制作比赛、“世纪回眸•我的名字叫中国”阅读知识大奖赛、青少年“反盗版，读好书”万人大签名和上海书城网上书店开通等活动也使书市的深度和广度得到了有力的拓展，为成功举办大型图书文化活动提供了有益的借鉴。

本届书市因为有着上海书城的支撑，使原先留在人们心目中的书市发生了变化，这种固定、持久的书店风格与书市原有的布展概念完全不同。好在上海书城的环境被人们轻易地接受了。当时就有人说，有了上海书城以后如何再办书市?

我在这次书市仍然位列宣传组，前面有阚宁辉、周兵两位处长领衔，我的一部分工作转移到我主编的《上海新书报》上了。书市期间，该报成为指定媒体从周报改出日报，曾经的通讯员也变成了行业报的主编，这种变化使我在眼光、思路、实施等方面屡屡获得感悟。

2001年

时间转了三年，到了2001年12月28日，随着东方书城、东方出版交易中心的开业，仿照两年前的案例，上海读书节暨第三届上海书市合并同时举行。

这个时候的上海读书节暨第三届上海书市早已被东方出版交易中心的概念所影响，以书城的设计和布局而言，东方书城超过了上海书城，东方出版交易中心更是制造了一种理念、一种寄托信息做大交易的思路。

10天的书市，进行了双城联展（东方书城、上海书城）、全市200家书店展销、文化大餐专列发车、为农民兄弟送春联、反盗版知识展、科技出版百年回顾展、二十世纪出版成就展等及众多名人的签售活动。销售总额2200.79万元，东方书城接待读者50万人次。

我当时既负责宣传，又是《上海新书报》总编辑、上海书香广告策划公司总经理，很多事情都从头至尾通宵达旦地完成。我的三十多位同事也一直在“自负盈亏”地工作着。

从1981年到2001年的二十年间，上海举行了六次大型书市加上文汇书展、浦东书市及各区新华书店、专业书店举行的定期、固定书展（书市），使上海读书人的感觉一直处于欣喜、等待、盼望之中。因为有了上海书城、东方书城，买书似乎日渐容易，书市这种以卖书为主由大众参与的文化活动是否还有升腾的空间？也是我在之后几年间思索的问题，2004年我又参与了上海书展的筹备，从那年开始，已经十年……

举目而望，我已是少有的自1981年上海书市开始一直挂着“工作证”的工作者……

2013年8月

追念那时的发行学校

我曾经就读的上海新华书店发行学校首任校长黄巨清于2013年4月23日逝世了……

曾经，很多人称赞发行学校发行一期为业内贡献了一批认真、踏实、有为的发行行家，与“黄埔一期”有异曲同工之处。往昔，听之也就淡然一笑，不曾多想。现在，因为校长的逝世，不免使人感慨也有了追念的理由。

上海新华书店发行学校是1978年9月开办的，校长由上海新华书店主持工作的副经理黄巨清兼任。学校1984年9月停办，先后有五届275位毕业生走上工作岗位。我是275

人中的一个，也是首届60个同学之一。回想当年，黄校长在开学典礼上发表的热情的欢迎辞、毕业证书上盖的校长的印章仿佛一直鼓励着我。

我们第一届有60个同学，分了四个组。这样，从班长、团支部书记到各组组长，干部有10多位，我不在其列。只是，我的一个公职却是他人所没有的，记得入校前的一个午后，胡仁德、胡其华老师专程到我家进行了家访，在了解情况的同时委我负责筹建学校的图书室，这是我比较乐意的事。因为，早年我曾在小学、中学图书馆做过多年的服务，有近五年的周日是在静安区少年宫图书室做服务员。老师是用我之长，入校后我就随着杨羞霞老师到山东路上的黄浦区店图供组开设户头买书了。老师从四个小组各选了一个同学与我合作，学校在广东路306号三楼，总共五间教室，有一间归我掌控的图书室。

读书，是一件很开心的事。上课我有所偏向，语文课、作家作品包括发行史之类，我学的比较顺势，偶尔也可与老师在课堂上进行对话。外语分两个班可选英文或日文，我虽然选读的是英文，但一直没有学好。常常要临时抱佛脚，在英文词句上加中文注音朗读。好在老师的宽容和多位英文随便读读的同学的帮助，也总能化险。当然，这样的成绩自然是或高或低，终也成不了三好学生。

那时，我们有实习，我只在南京东路新华书店自然科学柜台实习过一周，其余的实习全在南京西路新华书店，从社科柜到文艺柜再到文教柜，直到毕业后被分配在南京西路新华书店文艺柜……

经过两年读书、实习。最终，英文、日文成绩优异的同学去了外文书店，其他的基本上就以户籍所在区分配了。若干年后，有人出国有人跨界也有多位后来到了出版社从事出版、发行。现在，当年的女同学年龄已过五十，在书店工作的都退休了，男同学在书店工作的依稀还有多位。

也许是大势所致，当年的新华书店办了发行学校，使我等同学得以进入书店工作。那时的我们，对新华书店真是有感情，我们班的同学也受着各级领导的青睐，在一个人才处于青黄不接的年代，充当着发行人才。很多时候，因为曾经是同学，彼此就好说话好办事。这种情分在过了三十年之后，依然如此。

在校时黄校长不常与我们相见，但偶尔在四川中路市店食堂就餐时相遇，那一定是要立正叫好的。

后来，校长离休，我则逐步成长，校长一直对我很关心。尤其是2007年我离开书店转入出版社工作，校长表示了惋惜。多年前，他曾要求桑静老师托我为其亲戚找个岗位，我也努力但未办成，见面时深感歉意，他依然宽容地替我卸责。

因为有着发行学校、有着黄巨清校长、袁鹤洁、高信成、胡仁德、胡其华、杜良才、杨羞霞等老师的提携，使我从进入发行学校开始，三十多年服务于书业，虽然有不顺和遗憾，但始终是在成长的路途上前行。

2013年5月

年轻时，工作在“大楼”

大约有六十年了，上海新华书店、新华书店上海发行所（两块牌子，一套机构）的办公地一直在四川中路133号，也许是新华书店为了区分办公室、门市部、仓库的不同，很早的时候，老人们就把这个办公地简称为“大楼”。我曾在这里办了二十五年的公，虽然在五年前离职，但听闻今年6月新华书店从这幢大楼撤走搬入徐家汇的新楼时，不免有所浮想，曾经的二十五年，留存了许多，现在写下若干，以此怀念那个年代那些同人甚至那幢大楼……

一

大楼原名卜内门洋行，坐西朝东，地下一层，地上七层，钢筋水泥混凝土结构，占地676平方米，建筑面积4636平方米，由英商卜内门洋碱有限公司在1921年7月动工，1922年年底竣工。据载，大楼“外形似皇冠，门面居中为月洞形高大正门，配有古铜色铁门，两侧各有两座月洞形落地大玻璃窗。二三层门面墙上塑有富有艺术性的两个拉纤人的雕像，两旁还饰以飞鸟，六楼临街屋檐下有两只狮子滚绣球雕像。进入大门后，上五级台阶，有一道四叶式转门，走廊吸灯均有花饰浮雕。电梯在中间，旁设人行扶梯，两侧有腰门，通向两边办公室。内部装饰精致”……

1949年上海解放，在等待观望多时后，卜内门洋行撤出，大楼由上海商业储运公司接收，新华书店是1954年从房管部门承租大楼一至四层，把上海总部迁入的。

我是在1982年从南京西路新华书店调入市店图书宣传科开始“坐办公室”的。我所在的科属业务部门，主要职责是组织参与全市读书活动、对区县新华书店美工进行业务指导、下辖一个样本室并管理职工图书室等。当时，我的职责是接手编印一份《每月新书》目录，我的前任桑静老师因为要赶在50岁前从基层书店退休以便儿子从农场回城顶替，放弃了在市店属干部编制可以55岁退休而去科技书店工作，我就先顶班了。三十多年了，我一直与桑老师保持着联系，她与丈夫单老师都是解放前后在江苏参加新华书店调入上海的，可惜后来却下放金山。等到了1978年后返回市店又面临“顶替”政策，不知是命运所致还是社会变幻，这位我敬重的老人说起往事，总不免感叹。科长周松柏是上海新华书店最年轻的离休干部，多年后我接他的科长职务。同科的有张老师、贲老师、黄老师，等等，都长我一辈，在这样的环境中工作，我获得了眷顾。

二

那时，大楼的对面是26路电车终点站。天热或天冷的时候，外出要乘26路时，我会隔着大窗眺望下面的车或排队的人，看见有车或人少就迅速奔下去过马路花个四分、七分钱就上车了。现在的五芳斋过去是曙光饭店，排骨菜饭、黄豆汤是我等年轻人待客的招牌，那家店每天要排队买筹子再自取饭、汤，堂吃永远是满座的，好在我等买饭只要带上两只搪瓷碗去“打”就行了，而且，我的一位年轻同事有一中学同学在饭店做工，有时会享受排骨大一些、汤多一些、饭多一些的优惠。四川路汉口路口还有一家大壶春生煎店，中午也是排队很长，只有下午或周日加班时可以品尝。吃过这个馅大、肉多、皮薄的生煎之后，总让人觉得没吃饱。等到26路终点站迁走、曙光饭店换门面、大壶春关了，大楼的魅力也少了。

当时，大楼的同事中有多位是复员军人，还单身，家里居住条件不好就从值班开始直至下榻了办公室，后来，我也加入了这个行列。在这个“单身宿舍”里，我也是年纪最轻的。当时的办公室都是两个双人桌并排的，晚上只要收纳一下再铺上被子就足以做床了。不知是大楼建造得好还是二十多年前该冷的天不冷，该热的天不热，反正在那个没有空调的年代里，冬天只要下铺一床被子上盖一条被子加一条毛毯就可以了，热天更是简单，只要开窗还不用电扇。那时，一日三餐都可以在大楼底层的食堂解决。下班后迅速吃完晚饭，人齐的话可以打会扑克，有人回家吃饭，也有人谈朋友，通常我会把当天收到的二十多种报刊翻阅一遍再看看书，等到九、十点钟大家回聚，就上下串门一起洗澡并晾洗衣服。那个浴室在夹层，把一个厕所隔半建成的，周一三五归女同事使用、二四六归男同事使用，因为是住在办公室，可以每天洗澡，那真是人生的一种享受。早晨，匆忙起床把被子等打包放入柜中，把办公用品回归，到楼下刷牙洗脸泡开水、再买一碗粥两个肉包开始新的一天。因为接触多了，我与这些同伴的友情也比较深。工作中的一些困惑或思路也愿意与这些同伴分享，也获得了罗兄、袁兄、周兄、张兄等的鼓励。有时，某人回来晚了，怕惊动真正睡班的同事，就会事先约定，在大楼下叫上几声，我等就悄悄下楼打开插销放人进来。甚至某位初次约会，介绍人约在浦东公园，他却去了黄浦公园等候，又是下雨天，我们相劝相嘲，“这是没有缘分呀”。

大楼的食堂，尽管有大壶春、曙光饭店的“较量”，但终归是自家的。很多年，食堂由一位王师傅掌勺，无论是下面条、蒸包子还是做面包，都是令人骄傲的事。记得1981年在上海工业展览馆举办第一次上海书市时，我是静安区店派出的营业员，当时静安、黄浦、虹口三区新华书店联合承办文史哲著作馆，读者拥挤不堪，购买力超强，我等的工作只有将书不断搬上平摊台、书架的份，这个时候，每天的大排、荷包蛋加青菜的午餐和下午的面包点心就是一种企盼，也是舌尖上的中国的体现。曾经，底层食堂不够了，加夹层继续做食堂，那时，每天到上海出差住在广东路招待所的新华书店客人都会到大楼食堂吃饭。有时，领导请客或我等有客人申领“客饭票”就能在依然宽敞的夹层享受酒水大餐或“客饭”。后来，王师傅病逝，食堂的记忆就明显多了。再后来，食堂的底层和夹层都成了我辖下的部门的办公室了。

三

新华书店从进入上海开始，在很长时间里，职工业余生活一直是很丰富的，从联谊舞会、唱歌比赛、郊游到创办俱乐部、职工之家、职工图书室，等等。我在大楼上班的初期，科技书店还没有“独立”从新华书店分离，科技书店四楼有个大会堂，有时还会放映电影。大楼职工图书馆属工会管理，日常工作由我科张老师负责，专门有一大间办公室作为活动室，有乒乓桌和多个书柜，每周有三天中午要开放阅览报刊及出借图书。张老师与我同桌办公，我自然近水楼台。因为有业务需要的理由，我科订阅的报刊又多又好，加上以职工图书馆名义订阅的报刊，我科始终是传达室特别关照的科室。那时，多位前辈、经理如宋玉麟、张泽民、黄巨清、王剑虹、钟达轩等都是我办公室的常客，他们会抽空来借换杂志或新书，这个时候，张老师都可以与这些大领导开开玩笑说说戏话，他们是同辈人，彼此相熟，而我基本是个聆听者或提问者，更多时候是领导离去后，我会向张老师打探一些轶事。那些年的经历为我现在从事一些书业研究提供了积累，仿佛也是一种缘分。

给图书室采买新书是豫园新华书店的小蔡。小蔡是张老师的同辈，我当然不敢叫小蔡、老蔡的，总要叫蔡老师。他经常是中午骑着一辆书店为发行员配置的自行车先到我们办公室坐一会儿，谈谈新书交接一下书款，然后就到食堂吃饭（当然是自掏腰包）。

我也做过不太长的图书室义务服务员，帮助办理借阅手续，那时，说笑、谈天乃至家长里短，现在回想起来还是很有人情味的。

当时，我所在的二层是业务部门，包括业务办公室、供应科、审核科，年轻人多了就恢复了团支部，团支部开展的读书活动照片还上过《解放日报》，成为上海市振兴中华读书活动的先进集体。那时，我不是主角，也不是领导，我们结伴去过黄山、普陀山……

四

在大楼里工作，我从编目开始，通过一份《每月新书》到配合当时热闹的专业书店营销编印《工具书目》《艺术书目》《文史哲学术著作书目》《教育书目》等，在没有电脑、没有电商又有很多人热衷读书的当年，这些书目曾经是一些书迷获得信息的来源，我也尝试在编书目时给一些书写上20-50字的简说，这是一个提炼、概括的过程，曾经被郦国义、褚钰泉老师关注并摘录在《文汇报》刊发。

编书目，先要到同一部门的供应科抄书目，那时还有“一书一卡”的做法，进货多少、发货多少都有记录，我会拿个小凳子坐在卡片箱前翻卡抄目，有时也会到那里翻翻外地出版的样书，有专业从事“交换”的同志每天将仓库收到的新书中抽取一本样书随单据一齐送到大楼，由经办同志做账兼了解内容之后退回仓库发货。因为翻阅的书多了、接触的人也多了之后，就开始继承传统进行推广活动了。签名售书、新书发布会、青年读书周等等都从这个时候开始的，现在再看一些“新秀”重复，看见其中的丢三拉四或者不得要领，总也会有些遗憾，怎么就没有进步呢？

那时，上海各个出版社所有的新书都会有样书送到我科，这是历史形成的，等到九十年代初各社自办发行渐成气候，样书也就少了。收到样书后由叶老师进行登记之后，就从隔壁办公室送到我桌上，闲时或者晚上、早晨我就会翻阅这些书，有时也会留下几种读后再退回，不会因为忙因为没有兴趣而不翻。因为翻阅，使我得以在较早的时候获得各种出版消息，又加上编目，开始撰稿写文章了。那时方便，电台在北京东路、《文汇报》在圆明园路、《解放日报》在汉口路、《新民晚报》在九江路，只要打个电话马上把稿件送过去就行了。我与很多年长或同龄的编辑记者建立了密切的联系，稿费从二三元到数十元，每月总会收到多张汇款单，同时也开始大量买书，也有不少赠书，那时的生活，真是美好。

我从一人编目到后来担任科长、总经理助理，这个过程不太长。那时，我是书店最年轻的科长，曾经有人认为图书宣传科无足轻重，有养老之嫌，但是，我还是在老同志的支持下创办了书香系列：广告公司、文化公司、俱乐部、学校、书店，等等，也办起了《上海新书报》，人多事杂，1997年前后把大楼的二层全部收回，进行装修时既考虑到费用要自理，也因为想修旧如旧，就把原先各种搭建的部分全部拆除，保持原来的简洁、大气，只是把门窗重新油漆了，地板打蜡，然后再定期洗刷钢窗。我的办公室也有一大间的时候，也没有添加任何设备，只是换了办公桌和椅子……曾经有很长一段时间，大楼的二层生活着一群从事着多媒体产业的年轻而有活力的新华人……

五

等到改制上市，新人们以为从此可以赚大钱发大财的时候：你有报纸，没有一千万广告怎么行？你有图书策划公司，怎么不做畅销书呢？你有广告公司，怎么不做户外广告代理？你有书香消费卡，怎么不扩大发行呢？这个时候，不知是成熟还是跟不上形势，我选择退却，等到为了“大发展”而搬出大楼时，我更是随之卸职。

大楼门口有三块招牌：左边是上海商业储运公司，右边是上海新华书店、新华书店上海发行所，那种招牌现在已经不时兴但还能看见，是用整条木板做成的，白底黑字，九十年代我的属下曾为店（所）做过两块招牌，由美工在高2米、宽40公分的木板上涂白漆打格子再用黑漆描涂而成。

坐在大楼里的人每天进出但一般不会注意招牌的变化，外面的陌生人进大楼前大多会驻足看看。

我有点自豪，在门口店、所招牌的旁边，我曾悬挂了三块铜牌：上海新书报社、上海书香广告策划有限公司、上海书香读者俱乐部。听老同志说，能够在大楼门口挂牌的，只有你，而且是三家单位。当初，为了创办这些机构，还与母公司（上海新华书店）签订了一份“分家”合同，以落实办公场地好办营业执照。

经过十多年的风吹雨淋，三块铜牌也生锈了，等到集团上市要嵌上汉白玉材质的招牌时，只有换位腾地把曾经的铜牌替换掉了。

从懵懂时进入大楼，直到中年两鬓渐有白发时离开。我曾有《留在笔下的新华书店》问世，哪天有闲，也会以大楼为主线写出《留存记忆的新华书店》。

而今，新华书店搬离大楼，希望是一个新的、好的开始。

2012年8月

行进在印刷厂的时光

差不多在距今三十年之前，我在上海新华书店从事图书宣传工作的时候，为了印制书目、单页征订单乃至通讯录、年历、包书纸、“六一”课程表、书签、塑料袋等图书宣传品，曾经到过上海市印刷一厂、二厂、三厂、四厂、六厂、十二厂，群众印刷厂，中华印刷厂，新华印刷厂，美术印刷厂，青年报印刷厂，文汇报印刷厂，解放日报印刷厂，纺织局印刷厂及扬中印刷厂等，我可能是新华书店员工中到过印刷厂数量最多的一个。因为留存着二本练习簿，记录着当年的宣传费开支，包括刊登广告、放映电影等，对于我现在的回想提供了支持。

1982年，我从南京西路新华书店调到上海新华书店图书宣传科编辑《每月新书》目录，从此开始了图书宣传、推广的职业生涯。1984年10月提升副科长后的工作重点逐渐向各类营销活动的策划组织、编刊等转移，1989年开始由新同事接替编目工作。

一

现在年龄在50至80岁的读书人，大都知晓当年由上海新华书店编印的《每月新书》，它是一份像《新民晚报》整版大小（八开）双面印刷，提供当月由上海新华书店进货销售的文史、文学、文教等图书的目录，每期印刷1万份，通过分布全市的新华书店门市部供读者索取，也作为包书纸赠送读者。那时，没有电脑、没有手机传递资讯，图书供应渠道单一，期盼、索取、阅读《每月新书》是很多读书人聊以备查或据此寻书的依据。

《每月新书》是由前辈桑静老师开始主持编印，我是接班人。当时，她还未到干部退休年龄，只是因为孩子在农场要办理顶替，生怕夜长梦多，就先调到科技书店（那时是基层单位）可以早些退休。有关《每月新书》的内容，《上海出版志》《上海新华书店大事记》都有载录，这似乎也说明，当年的不容易和影响力。

《上海出版志》记载："1980年3月起，上海新华书店编印《每月新书》，这是一份向图书馆、资料室提供在上海市发行的初重版图书的目录。它以书店进货品种为依据，每月出版一期，至1991年初已出版141期。《每月新书》除刊登新书目外，还辟有'新书预告''为您服务''新书架''书讯'等栏目，每期介绍新书达二三百种。1982年起在编印《每月新书》的同时，上海新华书店还编印专题书目，作为《每月新书》增刊分发给团体单位读者。专题书目包括《文史哲学术著作书目》《教育书目》《五届全运会体育书目》《法学书目》《艺术书目》《医学可供书目》等，为广大读者购书提供了方便。其中有的书目还流传至海外，成为海外华人选购国内图书的重要依据。"

当时，我的日常工作是拿着由旧年画纸裁剪的16开报告纸到市店供应科从社科、文艺、文教组业务人员的进货记录簿中抄写书目，发现重点书或可能有歧义的书还得根据“一书一卡”从进发卡片中粘贴着的“内容介绍”添写提要，这些卡片都放在双人办公桌边类似床头柜大小的抽屉里，我就坐在不知哪年就有的小凳子上根据四角号码查找卡片，撰写一句话书讯、内容提要，然后以出版社为序将书目剪贴编号，每期开设“书市倘佯”类目每期写上300字的短文，送印刷厂排印。

可能是“文革”时期出版的年画太多、“文革”结束后积压太多，就被裁切使用（单面）了很多年。好像当时颁发的业务文件有时也用这种纸，那就是节约。这是一种习惯，很多年后，我所在的出版社一位新领导在与员工初次见面时说，人离开办公室时要关灯、电脑打印纸背面可以用，使人有一脉相承的感觉。

二

《每月新书》是在市印六厂印刷的，先是由桑老师带着去了几次，我一般会稍早吃过中饭就在江西路福州路市府医务室门口坐17路车到顺昌路下，走几分钟即到这家坐落在弄堂里的厂家，把稿件交给生产科业务员即可回来。那时的业务员已经是宋师傅了，年纪比我稍大，常常笑嘻嘻的，态度也好。通常过二三天就会有电话过来说排好了，我就去取校样。起初，原稿和校样是从生产科取回的，后来相熟了，就直接到排字间拿了。

开始的五六年，这个排字间是我每月都去二三次的地方，房间显得很陈旧，因为只是排些零印表格、单据、文本，场地也不大。市印六厂曾经是上海合作社印刷厂，以胶印为主。在那里，我遇到了吕师傅，当时他负责排字间工作，是一位思路清晰、动作熟练、乐于助人的老人，只要由他亲自排版，我就会很轻松，因为他会直接排成版面由我校对，字盘上缺的字也会马上通知同事浇字，如此，文字或多或少在初校时就可以调整了。我校对后再到车间等着改好取回，再复核后送回付印。等到印好就由市店后勤组派车运回，派的车先是一辆三轮汽车（也称乌龟壳，现在只能在乘坐强生出租车时从前排座位的视频中看见），后来是丰田客货两用车，我随车运回市店后由秘书科大吴师傅按照分发单或交换或付邮分发区县书店或单位个人。

吕师傅有些老慢支症状，当时我也有哮喘，从大方向而言，这是同宗病。不知是否有这个因素还是年龄的差异，多年间他一直对我很关照。他退休后仍被返聘了多年，不主事后，排版也由他的年轻同事接替，如果我有急件直接找他帮忙，只要他能做的，从不相拒。偶尔，吕师傅会有电话托我找一本书之类，我也会尽力。只是，当年忙于杂事，未曾很好地维护与吕师傅、宋师傅等的关系。

因为我是桑老师的徒弟、新华书店的人，是可以不填会客单就进厂的，可以在食堂就餐，甚至在厂内随意穿梭的客户。在这里，我享受了四折优惠的《三希堂法帖》《篆文大观》等书。当年，从出版社买书一般是七折，从厂里买的四折书归入“残次品”。不过，由厂里质检过的“残次品”在我等眼中实在是又便宜又好了。

市印六厂顺昌路路口有一家泰康食品厂门市部，常常有碎“华夫”饼干当场称分量出售，可能是名牌、新鲜加上便宜，我曾多次受书店老同志委托代买，同事会很高兴付钱收货，而且，上班时是不便谈论这些事的，只能等工间操时悄悄地“交易”。

我那个练习簿上记着：1982年6月，《每月新书》印制10041张，排印代料共计224元。1985年1月，市店派不出车去运回《每月新书》，我就先坐公交车前往再叫出租，机动三轮车车费0.8元。1988年12月，在六厂印制《每月新书》8200份，工价574.00 元。

三

在编《每月新书》的同时，受到各方面的鼓励就开始编印专题书目，譬如与中国科技图书公司合编《管理书目》、与上海音乐书店合编《音乐书目》、与南京东路新华书店学术书苑合编《文史哲学术著作书目》、与艺术书店合编《艺术书目》、与上海省版书店合编《省版书目》、与教育书店合编《教育书目》、与上海工具书店合编《工具书目》，等等。当时，上海的专业书店是全国同行的榜样，这些书目更是各地读者按图索骥的信息源。编印这些书目，从抄书目、写简介到排印、交货都得到了这些书店的鼓励。

市印六厂难以承接这些书目的排印，这些书目既是小零件又得赶时间，还要走完全部的排校印程序。于是，我就由着各种关系在各家印刷厂周游了。

现在我因为在上海理工大学兼课，经常路过控江路上的市印三厂，那里已是一片废墟，正在平整土地，可能是被置换了。那时，去市印三厂也由17路换6路，生产科在进门处，与六厂相比三厂那就很气魄了，生产科贾科长和承接零件业务的小李都很随意。因为是大厂，书目的排字只要稍为安排一下挤挤就可以了，但安排印刷就有点麻烦，但好像也没有耽搁过。我去三厂是我们发行二科陈丽贞老师介绍的，是印《省版书目》。1983年3月（第二期）印了15000张（小五号横二面），总价317.13元。市印三厂是铅、胶印全能厂，也是国内重点书刊印刷厂，当时是《辞海》缩印本的指定印刷厂，我“开后门”从厂里买了多本四折《辞海》。这是人书，如果是单本小册子，我提出要，贾科长都会免费送我。生产科在午休时间的陆战棋四国大战是很有看点的，人多嘴杂，下棋的人会不由自主，我难得上场，既是陌生而且站在旁边指点江山更有趣，其实，我下棋功夫是从小在弄堂的路灯下练成的。

多年后，三厂转型开发了IC卡印制项目，我主导创设的“书香系列”下辖上海书香读者俱乐部的IC消费卡就是由三厂开发的。直到2012上海书展现场，我见到了三厂那时的领导，彼此还记忆犹新。

隆昌路上的纺织局印刷厂就在市印三厂附近，我也去过几年。车间王主任是胖胖的大个子，年龄也大我近二十岁。可能是其他行业，不像我在六厂、三厂，总能找到彼此了解、熟悉的话题。不过，在纺印厂，我也可以先提货再收发票再付款，因为我有上海新华书店的招牌。我在纺印厂投印的是与南京东路新华书店学术书苑合作的《文史哲学术著作书目》。1982年7月第一期印10000张，印制总价197.00元，同样从排到印，同样的纸张同样的代料，六厂是排老五号字、纺印厂是排小五号字，纺印厂要比市印六厂便宜。

去番禺路这边的市印十二厂、美术印刷厂的次数不多。当年由市店（发行所）业务科编印的旬刊《上海新书目》是由十二厂印刷的，由业务科缪贵老师负责联系，我有急件困难时就是缪老师热情相助给我介绍去的，不过，我对十二厂总有陌生感，可能是厂家太大、业务太多，对于印一份数千张的单页书目，感觉厂里显得漫不经心。况且，由着71路从起点站开始差不多到终点才到站也是我不愿意多交往的原委。我在十二厂是做《艺术书目》，一期15000张，纸张248.9元，排版8开2面73.28元，印刷85.5元，装版2副4.80元，合计412.48元。在美术印刷厂只印了几次年历片，那时做宣传品单色的多，不如现在考究。

新闻路上的市印四厂是我1986年随着《书讯报》卢延禄老师协助陕西人民出版社为印刷沈寂前辈的《一代歌星周璇》《一代影星阮玲玉》时常去的，那家厂的生产科设在玻璃钢窗阳台的洋楼中，前身是海关印刷厂，当时，上海的高考试卷是这家厂印刷的，它不像六厂那样陈旧也不像三厂、十二厂大，有些精致。

记忆之中，我最早参观的印刷厂是中华印刷厂。但是，与其发生业务却是2004年7月为一本《书展》的印制，承着潘厂长的全力支持。当然，潘厂长等是看上海市新闻出版局领导顾行伟的“面子”。2005上海书展前，我在顾局的鼓励下准备编一本《上海出版图录》，在中华厂扫描了一批照片，可惜后来没有坚持，也承潘厂长等的宽容。中华厂当初在澳门路时有个中华书局陈列室，我去看过几次，2012年中华百年庆时我受潘厂长之邀还写了文章缅怀前辈。

我去新华印刷厂是1984年为了印刷上海职工读书活动推荐书目，感觉这家厂比较陈旧，偶尔去一次会找不着方向。可是，这家原为世界书局印刷厂的厂家还是新中国华东国营印刷第一厂呢。

四

为了振兴中华读书活动征订书目等，我去过群众印刷厂、广播事业局印刷所、上海工人报印刷厂等。我去总工会地下室的上海工人报印刷厂排印书目，是承该报总编闵晓思的关照。后来，闵总负责《上海政协报》时，还吸纳我做了通讯员。

桑静老师离开图书宣传科后，还进了一位洪佳慈老师，他擅长书法绘画。我编书目等宣传品的题花、报头都是他小试牛刀完成的。经周松柏科长审阅后我拿到文汇报印刷厂、解放日报印刷厂或上海照相制版厂制锌版（还要把锌版粘在木板上，直接拼在版面上）。那时，已有照相植字了，每年“六一”赠送小朋友的塑料包书纸、塑料袋、课程表都是先照相植字再排版做锌版上机印制的。

我到过威海路的上海照相制版厂很多次，先是为书目的一些小图案做锌版，后来是照相排字。1983年到厂里做“庆祝六一”塑料袋锌版2块，396平方厘米（单价0.04元），合计17.84元，隔天取货。威海路路口有个街心花园，曾经是路人聚集议政的地方，偶尔，我会停步聆听一会儿。因为从市店到那里，49路公交车没几站，基本不误事。

我去扬中印刷厂是1984年为上海新华书店建店三十五周年、新华书店上海发行所成立三十周年而赶印一本纪念册。之前，不知道扬中和扬中印刷厂，等到跋涉到达后，看见是一家破旧的印刷厂，无奈之情一直留到了现在。在那里住了一天，厂长客气，派了两人陪我一起吃晚饭，主菜是大闸蟹，是用洗脸盆装的……

1999年之后，我去过昆山亭林印刷厂多次，这是“书香系列”策划出版图书时的定点印刷厂。当时选厂时我要求印制工价要比上海同行下浮百分之十，最后通过上海一家出版社出版科推荐而选定这家厂。我是这家厂的阶段性主顾，有几年我们年销售一千万元的图书都是委托这家厂印刷的。这个时候，排字、排版与印刷已经分离了，排字也告别铅字而从激光照排过渡到电脑排版了。

五

如今，我虽然在出版社工作，但几乎已无需直接与印刷厂联系了。因为出版社有专门的出版科负责。不过，我与上海印刷行业协会、上海数字印刷协会等印刷相关单位还是有些联系，可以与前辈、专家进行交流，也曾合作过调研课题。甚至我还是主要培养印刷人才的上海新闻出版职业技术学校聘请的专家。

印刷业，曾是上海轻工业的骄傲，经过多年的撤并重组，我曾经涉足的在市区的印刷厂，几乎都从原址消失了。

感谢那些曾经帮助过我的工人师傅，因为，我们彼此都努力过。

2014年8月

为“人民”服务

我读社史

1949年5月27日，华东新华书店总店伴随着解放大军进入上海，在接管了设在四川北路新乡路1号的正中书局总管理处后挂牌，并迅速设立编辑部从事革命出版工作。1950年4月华东新华书店改为新华书店华东总分店，1951年1月总分店编辑部、出版部改制成为华东人民出版社，社长叶籁士、副社长兼总编辑宋原放，副社长兼经理汪允安；下设一般读物科、文艺科、通俗文艺科、研究科、美术科、《华东农民》《华东妇女》《文化学习》。据资料记载，“由于人员增加，原来的住房不敷应用。经过上级批准，买下绍兴路两幢房屋，于1951年7月，出版社从新乡路迁入绍兴路新址”。

我不是这段历史的亲历者，只是一个记录者或是聆听者。我曾任《华东新华书店简史（1949—1954）》特约编辑（本书编写组编，王益顾问，周天泽组长，张泽民副组长，编写组成员由宋原放等15人组成，文汇出版社1998年3月第一版），因此，对1955年1月之前的华东人民出版社历史有所了解。

1951年8月，上级决定《华东画报》并入华东人民出版社成立美术编辑部，1952年7月美术编辑部分拆后成立上海第二个国营出版社——华东人民美术出版社。接着，华东人民出版社的文艺编辑室、文化学习编辑室、地理编辑室、连环画编辑室分别移交通俗读物出版社（北京）、新文艺出版社、上海文化出版社、新知识出版社和新美术出版社等。

1952年12月底，社长叶籁士调往北京，任人民出版社第一副社长兼第一副总编辑，华东人民出版社工作由宋原放主持，编辑部设通俗政治读物编辑室、党建读物编辑部、经济读物编辑室、哲学读物编辑室、历史读物编辑室、文化学习编辑室，后来还设立了翻译读物编辑室；总编室下设通联科、美术科、资料科；出版部下设出版科、校对科、推广科、材料科（纸栈）；计划财务室下设计划科、财务科；办公室下设秘书科、人事科、总务科。

华东人民出版社成立初期的出版任务为：通俗解释时事政治的读物；通俗解释社会科学常识的读物；通俗文化知识读物；通俗文艺读物和连环画。

1955年1月，撤销大区一级行政机构后，华东人民出版社改名为上海人民出版社（以下简称人民社），成为上海地区出版政治书籍的国营出版社。

1955年，人民社的业务范围是：通俗地系统地解释和宣传马克思列宁主义理论的书籍和一般社会科学常识的书籍；通俗地系统地解释和宣传党和国家的政策法令和重要时事政治的书籍；关于党的建设、党的生活和思想修养的书籍；有关工业建设中政治思想工作的书籍和工人政治读物；历史读物；与上述内容相应的苏联著作的翻译作品；某些高级学术研究的著作。

1956年，在上海市委宣传部召开的第一次上海市出版工作会议上，确定人民社直属上海市委宣传部领导，出版业务基本定格为：宣传解释马克思列宁主义理论的书籍和一般社会科学的书籍；宣传解释党和国家的政策法令，以及重要时事、政治事件的书籍；阐述和介绍党的建设、党的生活和思想修养的书籍；工农群众政治读物；历史读物和有价值的历史资料；与上述内容相适应的翻译作品。

……

历史一页页翻过之后，人民社已成为上海现存历史最悠久的出版社。近日我主动从孙建越副书记手中揽下汇编《上海人民出版社领导成员名录（1951—2011年）》时，获得了宋存、黄行发、吴士余、苏颂兴等前任领导的指点。

在编这份“名录”的同时，我顺手梳理了一份社领导在本岗位卸任后去向的附件，1966年“文革”之前曾任社领导并离职之后的职务：

叶籁士（人民出版社第一副社长、副总编辑）；吕蒙（上海人民美术出版社社长、总编辑）；倪海曙、陈允豪（通俗读物出版社副总编辑等）；路丁（新知识出版社负责人）；姜彬（上海文艺出版社总编辑）；汪允安（上海出版印刷公司第一副经理）；胡炎（上海文化出版社社长）；郭云（上海教育出版社社长、总编辑）；孙超（在人民社工龄仅5个月，后任第二军医学院副政委）；宋原放、邵哲、唐丘、李启华、巢峰一直在人民社。这个流向似乎也说明，人民社的领导本身所具有的政治、业务水平足以胜任外派统率一个社、一个方面的工作，为新办机构提供重要干部，实现出版事业的整体发展。

1978年之后，社领导班子成员几经调整：宋原放任上海市新闻出版局局长，仍兼任人民社社长；上海市新闻出版局副局长赵斌兼任社长；巢峰身兼上海辞书出版社和人民社的社长、总编辑；陈昕任社长后，又先后被任命为上海市新闻出版局副局长、世纪出版集团总裁；曹培章任上海市新闻出版局党委副书记；郁椿德任世纪出版集团副总裁；吴士余先后任上海人民美术出版社社长、上海三联书店总经理；何元龙任格致出版社社长；张宝妮离社后先后任市侨联副主席、闸北区政协主席；郭志坤退休后任市文史馆馆员。也有多位社领导在离退休后继续从事选题把关、书稿审读等工作，为人民社建言献策，成为智力宝库。

看一个出版社先看领导再看书，有了好领导才有好书。人民社的历史就是这种观点的印证。

我是作者

《上海出版志》（宋原放、孙颙主编，上海社会科学院出版社2000年12月第一版），收录了1893—1996年的大事记，其中有条大事："1990年5月4日台湾五南图书有限公司与上海人民出版社协议合作出版《当代管理箴言录》繁体字版"。这本书是我与家兄仲华一起编的，能够出版简、繁体字版并收入《上海出版志》，应该是很受鼓舞的。

我在人民社出版的图书大致可分摘录型的智慧语录和书业传播实务两类：

◎《当代管理箴言录》（汪仲华、汪耀华编）/ 1988年7月第一版

责任编辑：任余红 / 封面装帧：沈永康

◎《当代成功智慧录》（汪仲华、汪耀华编）/ 1990年8月第一版

责任编辑：任余红 / 封面装帧：沈永康

◎《成功生存名言录》（水中石、史韬编）/ 2009年1月第一版

责任编辑：邵敏 / 封面装帧：五行人

◎《敞开的门——海伦•凯勒小品短语录》（史韬、章怡编译）/ 1991年4月第一版

责任编辑：邵敏 / 封面装帧：杨德鸿

◎《共享书香——首届上海图书节综览》（赵建平主编、汪耀华选编）/ 1997年4月第一版

责任编辑：李涛 / 封面装帧：陈红萍

◎《书城管理模式》（哈九如主编，汪耀华任编写组组长）/ 2002年5月第一版

特约编辑：史韬 / 责任编辑：屠玮涓 / 封面装帧：周

祥根

◎《新华书店七十纪事》（1937-2006）（哈九如主编，汪耀华任编写组组长）/2007年4月第一版 / 责任编辑：屠玮涓、汪耀华 / 封面装帧：陈楠

◎《十年书梦》（汪耀华著）/ 2007年11月第一版（世纪文景出品）

责任编辑：李兮 / 装帧设计：宣志海

◎《书香传承——上海书业旧事》（汪耀华编）/ 2011年4月第一版

责任编辑：毛志辉、张霞 / 封面设计：陈楠

因为邵敏兄的鼓励，使我与家兄得以完成《当代管理箴言录》系列。我曾在《新民晚报》1989年8月16日撰文《父亲的影子》介绍了当初编这本书的经历，这是我编的第一本书。近日，我见邵敏兄办公室的书橱里留存着台湾版的《当代管理箴言录》就开口索取了。我怕他现在出任世纪文睿总经理后有更多的新品而书橱的空间有限而剔旧。

我与台湾五南图书有限公司的老板因为其他的业务熟

悉后，发现《当代管理箴言录》在该公司的可供书目中，一直留存了十多年。

我在人民社出版了编撰的9本书（《当代管理箴言录》重印了一次）。其中，固有缘分使然，也不乏责任编辑的友好，我与任余红、邵敏、屠玮涓诸位的熟悉已有四分之一世纪了。任余红的认真、邵敏的智慧、屠玮涓的踏实都是我后来学做责任编辑的榜样。

1991年我在学林出版社出版了《谈书笔录》《书的魅力——第三届全国书市综观》（陈致远、臧令仪主编，汪耀华选编），封面设计都是甘晓培。算来，甘老师二十年甚至更早前就“走穴”了。杨德鸿、陈楠（陈红萍）都为我的书进行过装帧设计，当时都不相识，现在成为同事后，我仍然记得曾经的往事。

一个编辑如能鼓励作者前行，那就是榜样。对于一家年出数百上千种新书的出版社而言，我的这些书显然是微不足道的。只是，因为有着众多媒体朋友的鼓励，我出的这些书都曾在《新民晚报》《解放日报》《文汇报》等上海的主要媒体和《中国新闻出版报》《中国图书商报》等行业主流媒体刊发简讯、书介或书评，这些都使我不得不继续进取。

我做营销

读书人难免敝帚自珍。我的敝帚之一是保存着在媒体刊发的拙文。偶尔翻检，既能温故，避免重复过去的失误；也可鉴今，找出持续进步的路径。

1984年10月5日的《图书发行》报（新华书店总店主办，《中国图书商报》的前身）刊发了一则消息："上海为《中国大趋势》举行发行仪式——南京东路书店为发行仪式准备了五千册《中国大趋势》，读者踊跃购买，一下售出四千多册。"

该文写道："8月29日，上海新华书店和上海人民出版社在黄浦区体育馆为《中国大趋势》举行发行仪式。为即将出版的新书举行发行仪式在上海新华书店还是首次。实践证明，用举行发行仪式的方式，请新书作者与责任编辑同读者见面，对扩大新书宣传，提高发行量是很有效果的。这也给当时的新书宣传创出了一条新路子。

该书作者、中国科技大学副教授温元凯应邀来沪作了题为《立足改革，迎接新技术革命的挑战》的报告。该书责任编辑、上海人民出版社曹香秾也在会上对《中国大趋势》一书的编辑出版工作作了说明。发行仪式由上海新华书店经理张泽民主持。

报告会的当天，黄浦区体育馆门前仍有上百名无票读者要求进入会场，气氛相当热烈。南京东路新华书店为发行仪式准备了五千册《中国大趋势》，会前，读者购买相当踊跃，一下子就售出四千多册。目前，该书已在沪售出两万余册。”

那时，我是上海新华书店图书宣传科的科员，日常工作是编一份《每月新书》，其余时间也想着干些新鲜事，我的科长和众多老科员对我的工作都十分支持（前任科长鲁烽就曾是华东人民出版社干部）。这次活动是我与上海人民出版社青年读物编辑室的马嵩山、曹香秾、张志国等共同构想、双方合作的。那时，他们室出版的很多书都富有市场热点、市场潜力，也是我所喜欢并能产生共鸣的。

由此，我与众多图书编辑、新闻记者一起共同为改革开放后的图书推广传播协同努力。其中，给我以鼓励的上海新华书店经理张泽民、上海人民出版社编辑马嵩山、曹香秾等在后来的日子里一直与我保持着忘年友、师生情。可惜，他们都已先后故世。

可能就是因为操办了这些活动，使我在当年的10月4日被任命为上海新华书店图书宣传科副科长，那年，我24岁。差不多在以后的十年中，我都是上海新华书店最年轻的副科长、科长……

我2007年之前所有的职业生涯都是在上海新华书店，在这个空间里，我担任过市店图书宣传科科长、总经理助理，创办并任职了《上海新书报》总编辑，创立了书香系列品牌（广告公司、文化公司、读者俱乐部、职业培训学校），等等。从当时到现在，人民社的诸多领导、编辑都曾对我予以了支持，尤其是在整个八十年代到九十年代初期，我与上海新华书店的同伴们经常与人民社合作邀请作者签名售书、举行报告会、举办青年读书周、联合推荐新书、向媒体介绍新品，等等。那个时候，我是绍兴路54号的常客，毛振珉、宋存、史寿康等领导都对我十分客气，康继无、陶顺良、吴士余等领导都曾为某本书的推广而到我办公室探讨，青年读物编辑室、文化编辑室想出什么书、出了什么书都是我熟悉的。总编办公室的陈其尧对我的任何索书和对营销活动的要求都是千方百计满足和协调，可惜他退休后我一直没有再见过，等到我到了社里一打听，他已经在前几年病故，使我颇有失落之感。

那个时候，人民社的很多职工知道我的名字。我们社店之间进行的各种营销活动也曾在大众媒体获得过广泛的报道，当然这也得益于我的领导：张泽民、汪天盛、陈致远、张金福及我的同事蔡国诚、王秋海、马一勤等。

曾经，我每周在上海人民广播电台有一个小时的直播节目、在《解放日报•市郊版》有“书讯”栏目，隔周在《解放日报》读书版、电台社教节目、《文汇读书周报》有书介、书话、书情介绍，人民社的图书只要合适就是我所推荐的。

2009年，我成为上海人民出版社读者服务部法人代表时，却发现在绍兴路54号注册经营、有营业执照的单位只有服务部一家，我已经成为绍兴路54号的守护者了。

我任编辑

入行很多年，我曾是多家出版社的特约编辑，专职编辑的职业生涯则是从2007年开始的。离开上海新华书店是因为那里太喧哗；没有选择其他出版单位，则是因为有些不适合。现在的主职是《中外书摘》主编，在纸质出版市场受到分化、社办杂志主体不太明晰的背景下，我的任务是留住老读者、发现新读者。

上海人民出版社成立六十周年，我读人民版的书有三十年，我进人民社也有五年了……我是编辑的日子里，如何多做点贡献？已成为我努力的一个目标。

2011年5月

重回总店

从业很多年，曾有很多次的北京之行。入住的宾馆、招待所从五星到二星都有，但唯有北礼士路54号、135号两处新华书店总店招待所最多，差不多有十多次。

新华书店总店（新华书店北京发行所）一直是我赴京出差的主要目的地或会客、拜访的集中地，最近的五六年虽也有数次北京行，但都是来去匆匆，没有闲时可以静心到总店走走看看。其间，我也曾自问：在北京，我最想去的地方是哪里？竟然是总店。我希望去那里的批销中心淘淘书，去招待所住一晚，在食堂吃顿饭，看看那里的员工打乒乓、篮球，不断地与熟人打招呼，向前辈、领导汇报……

总店在北京的历史是从接收正中书局在和平门的几十间平房书库开始。1951年1月新华书店总店成立，1953年借用新华印刷厂在北礼士路54号（系抗战后由国民政府接管日资新民印书馆后改为正中书局北平印刷厂）土地15.5亩作为仓库（1963年经文化部批准，该地调拨给新华书店作为固定资产）。1954年1月，新华书店北京发行所成立。1958年8月，新华书店储运公司成立。

1953年，总店经出版总署批准，在北礼士路135号院福禄居村征地36亩，1954年修建二、四号库1800平方米，1955年修建一号库2000平方米，1956年修建三、五、八号库3100平方米，1957年修建六号库及办公楼3100平方米，后来又修建了七、九号库。1970年，总店、北京发行所、储运公司合并成为新华书店北京发行所，在北礼士路135号办公。1973年，通过房地产互换，北京发行所获得了135号西侧的12亩空地，1974年起又建造了两幢库房，在这总计48亩的土地上累计兴建了库房11幢。1978年，北京发行所和新华书店储运公司单独建制，并由新华书店总店管理，北礼士路54号土地、房屋1979年归北京发行所，1985年建成5300平方米的九层办公大楼。1987年，总店、北京发行所与储运公司合并为一个经济实体，名称为新华书店总店，办公地在北礼士路135号、54号。1984年，在马连道征地62亩分二期开建图书流通中心。

日前，有缘赴北京参加三天学习班，在讨论时段提前发言并获准请假后独自去了趟北礼士路上的总店。

先到北礼士路54号的总店。据说，整个大院已经出售给人民医院了，总店的办公地集中在135号。再到135号，门口原先是特价书店，后来是新华驿店，现在变成了亮眼的饭店。进入135号大院，院内各式轿车错落密布，但仿佛有一种秋色萧然之感。依照习惯，我围绕那些库房转了一圈，先是特价书销售处，这里的书放在书架上不是东倒西歪就是整片趴下，这是我所看见的最没“人气”的书店；往里是图书馆配送部，也看不出什么书对胃口；再往里走，一座座库房都是大门紧锁。原先总得留出二三小时溜达的批销中心，已经没有踪迹了。整个大院几乎都被“待开发”“待拆”的气场笼罩着。

找了很多人打听我以前的熟人，现仍在上班的只有四位。若干年前的熟人几乎都已退休或内退了。

总店，何以如此？

遥想当年，全国新华书店是一家。我在这里，认识了汪轶千、罗敏君、邓耘等前辈，总店办公室、《京所通讯》《图书发行》编辑部和各发行科的同仁，由此获得了很多智慧的传递和教导：当我初学作文时，是《京所通讯》给了我很大的版面畅谈发行的感想、读书的体会和从业的甘甜；《图书发行》的编辑们是我延续二十多年友谊的同道。如果没有前辈的提携，我不会在新华书店如此专心哪怕从以前的就业到现时的研究；如果没有《京所通讯》，我从事书业写作的兴趣和感觉就会不同；如果没有总店多位业务人员帮我找书、给我打折，我也不会坐拥书房……可是，十多年后的今天，当我再见总店大院，真是面目皆非。

这几年，也曾听说总店合资、上市之类的传闻，培育诞生了新华书店协会，《新华书目报》一直在书业主流与行业媒体之间徘徊，图书发行主体业务早已淡出市场。

这次，在与熟人共同回味和憧憬未来之后，回到宾馆仍然联想不断：

当初并入出版集团，如果把集团内部的出版社发行部门与总店图书发行网络合并，再造总店品牌，完全比上海世纪发行整合容易有效。可惜，在内部各社自办发行火热的时候，总店没有获得优势，再以总店之名寻求与其他出版社合作进行现货批发、书目征订时也就失去了市场，失去了公共平台的可信度。

总店总是以“总店”的架势出现，十年的债权债务到现在还没理清，没有强势的财务人员限时限量梳理退货、结款、清账工作，缺乏与出版社的沟通，还曾官司缠身，这里的成功经验可以上海的新华传媒为例。

现在的135号大院还被抵押了？早几年盖了三幢楼：一幢作为业务经销（书目信息、图供批发）部门有偿使用，一幢作为集团、协会办公，一幢盘活出租，那么，也就好日子不断了……

现在，守着满院的旧书废库，背着理不清的债务，员工们“被内退”，不知这几年是如何过的？

重回总店，发现一个“潜力股”被锻造的过程。曾经的新华书店还会留在记忆之中，那是一种割舍不掉的情分。重回总店，之后被开发的135号大院与我无关，仍然希望我的前辈、昔日的同道能够依旧过得灿烂。

今年，我已有两次北京之行了，年初在北京订货会时我到过三联韬奋、涵芬楼、万圣等书店，虽然天冷但仍然发现了不少书。这次只到了总店，没有找到书，但春天里，还是给人一种可望的感觉。

2011年4月

河南书香体验行

不久前，从郑州到登封—林州—安阳—巩义，一路走来的书香游，得以在观景睹物的同时有比较充足的时间，以平静的心境看书店、聊读书、观现状、说未来……

中原图书大厦，中原文化的地标

进入店堂，我自取了一份《简介》。内称大厦是河南省新华书店发行集团旗下最大的连锁经营旗舰店、豫浙战略合作试点店、现代复合式书店示范店。2003年开业，已成为河南最重要的文化传播阵地之一。

我独自先上四层再慢慢下行。书店在2011年年末进行了装修改造，“今年1月20日重新开业试运营，建筑面积6500平方米，经营总面积约5000平方米左右，其中图书音像制品经营占地4000平方米，非出版物商品经营占地约为600平方米。在硬件设施上，改善了灯光、空调电梯等服务设施；经营品类上，在原有的图书音像、数码产品、文化用品等传统板块的基础上，增加了数字化书店体验区、艺术品区和目前以旅游、福彩为主的社会功能服务区等六大模块”。

尽管还有不尽如人意的地方，我在离开时也与张艳经理交换了意见，诸如分类有待调整、出版社铭牌欠准确、河南本版书难寻、畅销书主打书不明晰、双向自动扶梯中间的红色布幔已有积灰，等等，这些也获得了张经理的认同。我特别希望河南图书大厦给豫版书一个同台演示的舞台，让我等外省人也能目睹当地出版新貌。当然，需要选择、有所重点。

张经理似乎很有压力，今年的销售指标偏高，我很体谅，上级下发指标也是无奈，下属完成指标更得费心。不过，大厦对于年度计划的有效完成还是有信心的。我建议发挥自身优势，作为豫版集团下属发行集团的直辖书店，大厦也可以在服务出版社、服务作者方面有所作为。

作为河南新华旗下最大的连锁经营旗舰店的中原图书大厦，目标是由传统的图书卖场转型为多媒体网络化、纸介质与数字载体兼容的新型城市文化综合书城。探索“咖啡吧＋书吧”的经营模式，极力为读者提供更为丰富便捷的消费服务。

将大型书城（大厦）打造成文化综合体（名称有很多），近来很热闹，也有一些省级书店在尝试。我从河南图书大厦的实地体验而言，这家书店至少到目前进行的这种努力是有效的。我认为，在演绎文化综合体时，往往会遇到两种情况：一种是在原有书店的基础上改扩建后，最好仍然以出版物经营为主，大厦的案例是出版物与非图商品经营面积为7：1。走在大厦各层，发现这些非图商品经营场地不显眼不扎眼但又是必经之地，说明设计者还是用心了；如果是新开的文化综合体，只要把书店实用面积与品种表述一番就可以了，切莫给人误解，开了一家大书城，结果卖书的场地只占整个场地的四分之一、三分之一之类，虽然整体经营面积已有六千、八千平方米了。

回首三十多年前，书店经营文教用品也会招来指责，后来，图书、音像制品、文教用品“三合一”成为经营主体，据手上的《简介》称：

“中原图书大厦已由传统的图书卖场转型为高品位、新风尚、多媒体、数字化的新型城市文化综合书城。经营涵盖图书、音像、期刊、数码、文体用品、办公用品、小家电、艺术品等十多个品类，增设了数字查询阅读，咖啡、茶艺休闲及自助银行、旅游、福彩、航空铁路票务等服务模块。多种业务模块与多种形式的讲座、论坛、展览、品鉴及演艺等主题活动的相互融合，为广大市民提供了多功能、体验式的文化消费场所。”

对此，我乐见其成。中原图书大厦出版物经营已经有了焕然一新的改观，假以时日，再能扩容，一个中原文化地标的目标应该不会太难实现吧。

登封，集镇门市自选商品

在登封参观中岳庙、嵩明书院、嵩山地质博物馆之余，与登封新华书店经理崔朝军的交谈，使我对农村集镇网点建设有了新的了解。崔经理介绍了他们在乡镇进行农村门市超市化试点的做法，我认为这对于打破集镇门市难堪格局不失为一种解“套”办法。

自从改革开放之初，新华书店在乡镇供销社这个合作伙伴出现生存危机，实行承包租赁直至转行转业后，在广大农村地区出现了很多空白点，除了发放课本尚能维持之余几乎难以出招。近年大量年轻人进城务工，有效的读书人口的减少和民营书店的开设，乡镇新华书店门市因为缺乏投入、人员老化、门面陈旧，靠着一年两季课本几乎没有了发展的空间。如何使新华书店系统的众多集镇门市产生生机、发挥价值？

有时，人多不仅不能办好事还会碍事，这也不是员工的素质不高，更多的是一种体制、机制的问题。如何使前辈打拼出来的家产不在自己手中消失？两年前，登封在大冶、唐庄等门市试行了员工待退休、离岗分流等方式，使在岗的员工开始在核定了课本经营要求、一般书进货数量、销售指标、利润目标之后可以经营自选产品、自主经营、自负盈亏。于是，改善门市环境、延长营业时间、改变闭架经营的旧习、试办文化小超市的直接好处是销售获利归己，人手少就会家人一起干，一般文化用品包括期刊、音像制品什么好卖进什么而且都是代销。我问崔经理，这些店图书进货不受市店限制，是否会因渠道不良而出现盗版之类包括质量不佳的文化用品？崔经理认为，商品是否有问题，读者会把关、当地工商部门会把关，上级书店也会检查。而且，放开商品自选权限后经营者人人都会自觉把关，谁愿意以小失大？以偶尔博长久？新华书店长期熏陶的“为书找读者，为读者找书”的观念在这些集镇门市部员工中获得了自觉地执行。

登封市店对农村集镇门市经营模式的探索，改变了农村集镇门市长期半死不活、靠课本过日子的做法，调动了员工的积极性，也使其投入与收获同步。当然，这种模式的尝试在全国而言并不只是登封市一家，但是，登封的推进，却是自觉的，更值得嘉许。

现在，社会都在关心实体书店的命运，但是，人们普遍关心的是城市网点的关张，而对于在总数中占优势的农村集镇新华书店则始终难入眼帘，当然，它有着课本发行。况且，消失一家两家通常也不会引人关注（关注的人难以发出声音）。登封等农村新华书店集镇门市的自救，对于实体书店在新农村的生存实在是不靠天不靠地只靠自己，这种事在人为的举措应该引起关注。如果政府部门能发现这类农村网点生存的新案例并予以推广，对于社会主义新农村的建设包括大文化建设也许是一件难得的实事。

在基本实现了文化小超市经营后，如何满足（可能也不太多的）一般书的购买需求？登封市店还能借助统一推进流动售书、上门推销、发展读者俱乐部、建设新农村书屋、送书下乡，尤其是集镇门市与城区门市连锁经营，等到登封也能享受河南新华与浙江新华配送连锁服务的时候，电话购买、快递送书等传统邮购再附以网络服务，那么，农村图书发行水平的提升、经营方式的跟进、效益的增长还是可盼的，乡镇读者对新华书店的眷顾和念想也会延长……

安阳，地级书店的跨越亮相

安阳市店辖下的安阳购书中心是豫浙合作首批三个连锁试点卖场之一，营业面积3000平方米，陈列图书70000种，引进了文体用品、数码体验、电子体验、福利彩票、艺术品等多元化业务版块。

去年9月在总署副署长邬书林、河南省省长助理卢大伟、浙江省副省长郑继伟的共同见证下，河南新华与浙江新华开启了“通过双方全方位、多层次的合作、探索和创新，将共同打造中国书业区域合作的试点区、出版发行业转型的示范区，力争成为中国文化产业的重要增长区”的征程，第一步是河南选定了中原图书大厦、安阳购书中心、沁阳图书大厦成为连锁经营的三家试点店。河南新华选择安阳市店作为试点，说明以李鸿钧经理为主的安阳市店党政班子对书业发展的热切和信心。安阳购书中心成为连锁经营试点后，书店的面貌发生了根本性的变化，卖场明亮整洁，区域布局清晰、图书品种实现新突破。当然，中心的布局还需调整、图书品种与当地读者需求还有一个接合的过程，包括非图商品的空间与实销的比例，等等。据悉，一个更具魅力的安阳图书音像城大楼的拆迁、回迁和补偿正在有效推进。

为了形成共识、校准思路、同步协进，安阳市店在去年下半年组织干部职工进行了“十八问”讨论，梳理了书店发展方式的基本选择是什么？渠道建设中的支撑是什么？卖场建设经营的方针是什么？卖场存在的不合拍是什么等问题，这种讨论的直接结果成为安阳购书中心试点的助推剂。

实体书店，在河南仍有广泛的市场，况且河南新华已在运筹云书网、电子书下载等新载体，只要给予时间，河南新华的发展会有成效的。

2012年5月

塞上书香看银川

2012年3月8日在银川出差时抽空享受了一个一日游，先是参观了沙湖、宁夏博物馆，下午我选择了银川书城，在那里观察了塞上书香。

银川书城是银川乃至宁夏最大的书店，坐落在解放西街，这里应该位居银川的闹市区。站在马路对面，观望书城，发现“新华书店”的店招在多年的阳光照耀下，“新华红”已显褪色。我曾经也是这种店招的积极推行者，上海新华书店的统一店招就是在我任职新华时全力推进的，也因为上海的采用而使之在各地推广。时隔多年，应该以比较优惠的价格考虑替换了，否则，褪色的店招总不会增添读者的开心指数。

走进店堂，一层以畅销书、教辅少儿、音像制品和电子产品为主。服务台设有寄包处，收银处设置了募捐箱，店堂张贴着服务守则及今年6月1日在银川举行全国书博会的“易拉宝”等。我在服务台取了一张银川市新华书店的“名片”。这张“名片”标着银川书城经营范围：图片音像类、少儿读物类、社会科学类、文化教育类、文学艺术类、科学技术类。一层居中陈列着20种新书进行“女性必读书籍展销”，也印了一张A4彩色的宣传纸。正面是致女性朋友的一封信。内称，“对女人来说，世界上内外兼护的东西唯有书籍。书籍还是女人保持魅力的法宝，一个和时代同步的女人，肯定是一个爱读书的女人，她从里到外都散发着迷人的风采。让‘女人节’人读书开始，读出你的魅力、读出你的自信、读出你的健康、读出你的独立”！文字很好，可惜没有落款。

这个“三八”妇女节，银川书城推荐了20种书，包括《修炼魅力女人》《给女人的健康全书》《于丹趣品人生》等实用性为主体的新书。在3日至12日当天凡购买“女性必读书籍展销”中任意一本，可赠送精美礼品手机包一个；3月8日当天，凡购买“女性必读书籍展销”图书的会员可享受双倍积分；3月3日—4月30日，一次性购书满50元，加3元可换购1元、3元换购区图书（最多1本），一次性购书满100元，加1元可换购1元、3元换购区图书（最多1本）。

不知道其他城市的书城是否还记着这个节日，在银川书城看见这个活动，我为这里的新华人的努力而赞赏。现场，我看见有读者在选购。

在三层，看见有女厕所，我问营业员男厕所在哪？她回复得很舒服，二层的这个位置。见到旁边也有一门框，问怎么下去？她说，可坐电梯（升降式）。我说，就一层楼不用坐电梯了。她说，转弯有楼梯。我顺着楼梯走下去找到厕所。一个惊人的欣喜，在这个下午3:40的时候，这个男厕所无异味，既无香味也无樟脑味更无臭味。我一直以为看一个书店，无论大小只要看看厕所、闻闻其中的味道就能发现经营者的用心、员工的心境和企业的文化。从这角度判别，银川书城是不错的。虽然，厕所的设施有点简陋。因为找到了厕所，我也就解脱了负担，可以从容地寻书了。

银川书城是1985年建造的，当初称西街书店，2002年改造后更名，面积有4000平方米，三层经营，第四层是市店机关，我在这里转了一个多小时。银川书城的三层有办公室，透过玻璃发现里面没人，否则我也愿意与之聊聊。

看书，我虽然也有买与不买的犹豫，但终于没有掏钱。这是因为这里没有我太想要的书，倒不是可以记着书名上网或回上海后买。人民出版社、中央编译出版社的书在这里给我的感觉几乎是全品种上架了。上海出版的图书不多，上榜的有上海文化出版社的《盗墓笔记》、上海人美出版社“世界文学名著宝库”中的《假如给我三天光明》《汤姆索亚历险记》，上海译文出版社的《夏洛的梦》；重点推荐的有上海人民出版社的《我的父辈》，比较突出的有上海交大出版社的学生读物。这里，大众性、普及性的图书较多。隔天在机场的中信书店，同行的爱书人在我办理机票手续时就买了五本书，因为在机场停留的时间较短，我无缘入店，但看了爱书人买的书，银川书城却是没有的。中国各地的机场书店普遍以经营人文社科书籍为主，而且相当新鲜。由此，建议银川书城的进货人员可去看看，切莫以为这些书本地读者不多，毕竟你是银川——宁夏最大的书店。

银川书城距离上次店堂装修已有十年，从硬件而言，无论是普通灯光还是聚光都显得不亮，这种感觉从门外朝里看，从店招就开始了，一些橱柜也显得落伍了：陈列环境、海报内容和张贴都有些不够讲究，有效空间还很多。书城设有塞上明珠一脉书香专区，黄河出版集团在形成中国回族、伊斯兰文化展示中心层面，似乎有着很大的空间。同时，书城如何体现黄河出版集团出版成果也是一个话题。当然，现成的场地面积好像也难以支撑。

可惜，此次银川之行也是匆匆，简册书店，席殊书屋只是在车途中一瞥而未能踏入。

花了一个多小时，打的花了五元钱回到宾馆。途中，想起很多年前，广东省委书记谢非参观了在广州举办的全国书市接受记者采访时，提出了要为广州人民建造购书中心的心愿。而今，轮到宁夏了，银川是否也能借着书博会的举行而再添一个书城？

回到宾馆从网上进入银川新华书店，阅读了《企业动态》，感觉这是一家认认真真做发行、踏踏实实为读者的企业。我甚至以为，各省的店刊从内容看，也可学学这份《企业动态》。

2012年6月

在贵阳，寻找买书的空间

2014年在贵州举办的全国书博会全国精品主题陈列展由总局委托上海市局设计布展，我在7月29日由上海启程赴贵阳受命监督造型、道具的搭建并实施精品出版物的分类陈列。这项工作在7月31日完成，书博会8月1日上午开幕，我于8月2日下午返回上海。其间，留出了一天半的时间在贵阳闲逛，独自踏访了贵阳新华书店、西西弗书店、五之堂书店和万卷书城等贵阳的特色书店，对于贵阳的阅读空间也算做了一次体验游。

坐落在云岩广场上的新华书店应该是贵阳乃至贵州最

大的书店了，2008年12月开业，据称有6000平方米的营业面积。不过，它的立面店招出现了新华书店、贵州书店、贵州出版集团三个名称，底层服务总台的柜台边上有贵州新华文轩连锁有限责任公司的标识，进口处的楼层分布又显示着贵州省新华书店、贵州书城的字样。于是，究竟应该怎么称呼这家新华书店，实在有点为难。我在7月29日晚上去过这家书店，后来听同道说附近有家新华文轩，我8月2日上午为此还找了很长时间，也问了多个路人，都说这里只有这家新华书店。等到开门营业进入后再东寻西找，才发现新华文轩、贵州书城、新华书店是一家。那天，看着书店的各级领导现场陪着一家出版社的领导在一层布置一个销售专区，也见着员工忙着布置签售区域……看着书店员工衣着整洁并略显紧张的氛围，想着多年前自己曾有过的这种经历，也就不愿打扰了，只是巡走一遍而撤离。

7月29日晚上看见的这家书店与8月2日上午的面貌发生了变化，至少显出了一种书博会的新鲜气氛，场地被打扫过、陈列也被整理过，而且从7月31日至8月4日全场八五折。

为找万卷书城也花了不少时间。步入万卷似乎发现这家2006年元旦开业、投资1500万元、占地6000平方米，曾有三个层面经营的书城已经再次步入调整期了。这家曾经是贵阳最大的图书零售书店，号称是一个集读书、休闲、购物于一体的大型文化广场，现在只有在二层还经营着，无论从书的品种、分类、还是人气，似乎都处于一种难堪的格局，而且，也与书博会无关。这家书城当初的荣耀，现在则被贵州书城替代了。

8月1日下午，我在延安东路先到了五之堂书店，这家设在地下一层的旧书店主要经营旧书，被称为“贵州省唯一专业经营和运作出版社库存正版新书的特价书店”。在一种陈旧兼有潮湿气味的书店里，我买了一本《民国政府工业化战略下的工业布局研究》，在书博会销售现场就注意过这本书，这里的售价是对折。有些书似乎被视为“珍本”锁在柜子里，我请营业员开柜看了一本书，是作者签名送人的，而获赠的人还是我的朋友，不知道这本书怎么从上海流入了贵阳？似乎这家书店的主人对于门市已经不够用心，在于为单位配送图书或合作出书了。这家2000年开业的旧书店从贵阳电影院二楼、省外文书店二楼搬到了现在的延安东路214号，店主设想着的“图书的二次流通”真正执行起来也不是一件易事。

延安东路上的西西弗书店，是一家比较有看点的书店，尽管店堂里正在进行布局调整，但还是值得留下足迹、静得下心巡走的。这里的读者也多，人们或坐或站或走，穿行在书丛中，使我颇有好感。而且，西西弗书店在贵阳还有四家，所倡导的“背包太沉，存吧；站着太累，坐吧；买了太贵，抄吧；您有意见，提吧”的经营方式也是值得夸奖的，这应该是贵阳人的福气。我在书博会西西弗书店展位上也发现，这家书店是有梦想、有追求的。

走在“山中有城，城中有山”的贵阳的主要街道上，偶尔想起六七十年前的文通书局，曾经位居中国七大书店之列，再看见眼前的贵州书城、西西弗书店等，感觉贵阳的空气中依然弥漫着书香。

2014年8月

苏州人的书香生活

承江苏省新闻出版局钱薇副局长引荐，使我有缘充任评委参与“苏州市优秀实体书店”的评选，在两天的时间内寻访了苏州市14家书店。

苏州，因为离上海近，也是每年踏青或秋游的必经之地。记忆中却从未入住过，这次因为是看书店，就停下脚步，伴随着苏州市文广新出局出版发行处郑长浩处长和苏州媒体、图书馆、书业等多位评委一起看了14家书店。

2015年11月10日早晨，我从上海出发由高铁抵达苏州，再由地铁二号线相约在元和东大教育书店，开始“苏州书香二日行”。

这家店开在地铁阳澄湖中路站二楼，我先到后看见营业员正在整理书架，我对于以销售教辅书为主的书店一般都没有太大的兴趣，这类书店做生意也不容易，但作为参评优秀实体书店却没有优势，无论是店堂布局还是出版物品种尤其是开展阅读活动，等等。不知从何时开始，我寻访书店，都会注意书店的“服务台”“收银处”之类的区域有否“名片”“简介”之类，既是留念也可增加记忆，或许也可看出书店的服务之道。元和东大教育书店的“名片”上印着有些夸张的“0至99我们全都有”。显然，这是一种理想状态，经营已十年的这家书店，日子过得还好，以元和街道的中小学生为首攻目标，年销售600万元。现在新租了一块场地开设了一家人文书店，也备有桌椅、咖啡等。我建议这家书店直接改称东大书店算了，现在的名称太费力。

坐落在苏州工业园区邻里中心新城的休闲书店，是伴随着苏州工业园区建设而开设的，起初是由新华书店经营的，可能也是一个创新举措，店主沈志刚也是新华派出的干部，后来，新华书店不再经营，沈先生从新华辞职，单挑经营这家休闲书店了，这是件有趣的事情。这家书店的依然存在，显然是“单挑”并由其夫妻档经营的结果，若是仍由新华经营，可能早就消失了。现在的生意不好做了，房租在涨、教辅书也萎缩，不过，沈先生在书店里开辟专区设立书画教室、书架上面张挂着可供销售的画作，既有联营的“保底”收益，又有销售画作的分成，虽说有些艰难，但我感觉还是有利可图的。

慢书房，观前街蔡汇河头4号的小书店，去年我参与评审江苏最美书店时，慢书房荣获此誉。今年早些时候，再评江苏最美书店，慢书房女老板也获邀成为评委。之前，我没去过，但印象中这家书房似乎已成苏州“专、精、特”民营书店的代表了。我等评审在店堂听取了店主的介绍，“在观前街最安静的地方，有间慢书房，在等你；卖书、卖茶、卖时间，希望你慢慢地，喜欢上这里……”这家以“繁荣静处遇知音——我的阅读空间”为目标的书店，在举办各类活动、推广读书方面显得有些小资、有些休闲也有着文化，譬如，纸书会、慢师傅说书、中国哲学史系列讲座、传统文化系列讲座，等等。毕竟限于环境，这里也有不尽如人意之处。一个兼乎公用的厕所就因下水道不畅而异味难除。对于一家书店而言，从厕所也可以读出一些内容的。我希望店主能想想办法，单纯的向地漏注水总不能解决问题。这是一家值得关注的书店，坚持着，也许就是苏州的地标。

鼎健图书公司、入住文化市场的弘文书店、冶金书店、地图书店是下午参访的，这四家书店都属民营，经营时期从十多年到二三年不等。鼎健是一家建筑书店，伴随着苏州城建大潮而发展；弘文书店以批发人文书为主，我在那里买了《存牍辑览》《爱书的前辈们：老三联后人回忆录》，虽然上海也有买，但是见到了就想着别再挂念着；冶金书店经营的是文教书、中小学校馆配书，也在商场设立书店，老板夫妻是外乡人，经过多年的努力已在苏州安身；地图书店自然是一家专门经营地图的书店。

观前街上的新华书店、古旧书店是这次重点驻足的书店。外地人到访苏州必去观前街，仿佛外地人到上海必去南京路一样。观前街上的新华书店、古旧书店也是我以往到观前街时自然会进去的场所。可能是因为苏州新开了凤凰书城（因开业时间不满两年而不在参评范围），观前街的新华书店底层的经营空间使人难辨书店的真情。古旧书店转型了，早些年一直亏损，现在变样后，兼着书香、墨痕、清韵、雅会，外延扩大很多，是一种尝试。

第二天，看了角直的联新书店、吴江新华书店、文学山房，这三家书店各有耐看之处，似乎也是苏州书业的一个缩影。

角直在苏州人眼中是一个有待开发的古镇，这家联新书店经营了十多年，一楼各类书都有，二楼是一个类似于茶室的空间，既可供学生做作业，偶尔作为阅读活动的场地，那里的人们有些悠闲，经营书店也是一种慢生活，处于不好不坏，既发不了财也亏不到哪里的状态，也是夫妻档，蛮勤快的。这类书店的长期存在，其实是政府可以关注的，店主也不高谈文化、使命，就是有些喜欢，有些不舍。

吴江新华书店，是我此行中感觉最好的大书店，不仅仅是在那里喝了杯咖啡、在服务台的电脑上发现了我的

《阅读纪事》，而且我也顺着电脑上提示的书架编号找到了这本书。感觉吴江民众因为有了这家宽敞、明亮、大气的书店，几乎可以享受大城市般的书香氛围了。这家新华书店也是江苏省最美书店之一。之前，我还有些不放心，假如这家书店的实景不如我当选投票时的感觉，那就有些遗憾了，现在解脱了。

文学山房，是一家在苏州有名的古旧书店，1899年创设，1956年公私合营时并入苏州古旧书店，2001年由第三代传人、已经退休的江澄波先生恢复经营，书店面积仅十多平方米，分两间，外间以旧书为主，里间以古书为主，经营者江先生已逾九十，见面时为我等展示了多种镇店宝籍……

苏州，因为有着文学山房等有厚度的书店而使文脉依存，只是，这类书店的未来又会如何？

我因为当晚在上海还有诸事要办，就匆匆结束了两天的探访，没有再去雨果书店乃至张家港、常熟、太仓等地的书店，留着些许遗憾。

此次苏州市举办优秀实体书店评选，宗旨是深入开展全民阅读活动，加快推进书香城市建设，由区县推荐后根据“资助办法”审核再进行实地考评，获评者将获5万元的奖励资金。

5万元奖励对于一家书店而言，不是一个大数，但却是一种实在的美誉、一种实在的鼓励。苏州，因为有着这些专注于书的店主经营着散落在各区（市）的书店而使苏州人继续着天堂般的自乐自得的生活方式。

期待着再去苏州，慢悠悠地与这些店主聊聊彼此感兴趣的书香生活。

2015年11月

一个业者对
北美东风书店、三联书店的观察

2015年10月8日，终于成行。

难得出访，不是旅游、旅行，而是作为上海世纪出版集团代表团成员出访美国、加拿大，参加由上海外文图书公司在北美主办的“阅读上海”主题书展。在我，是入职上海人民出版社九年来的第一次，曾说9月6日出发，后又定9月20日出发，听说是因为同行者签证问题而搁置。

此次出访，所持的是“公务普通护照”，由集团党委副书记胡国强、集团总裁助理周建宝分任正副团长，全团由21人组成，其中既有市委宣传部、世纪出版集团的领导，也有社长、总编、编辑、装帧设计名家、资深校对；既有图书馆代表，也有书店代表，更有印刷研究、按需印刷领军人物，几乎是编印发一条龙，而且兼有古籍、文史、教育、科技等多个学科的编辑带头人。我“受宠”获任团长助理，原本可能要与“地陪”沟通并为同行者做些服务，但因为有着外文图书公司的杨棣、朱敏晔两位的相随相伴，我只是在返回上海走出海关时收纳了同行者的护照，统一交由集团外事处保管。

10月9日、10日，我等在旧金山参观了东风书店、城市之光书店、旧金山图书馆。在东风书店举行了一次座谈会，同当地的老读者、图书馆采购人员、书店经营者进行了座谈交流，我还通过对书店员工的个别访谈，了解了不少情况。

2013年年末在美国自助游时，我曾到过东风书店，而今再至，感觉仍然一般，这家书店显得有些艰难、有些落伍……

座谈会上，东风书店创始人之一的黄达先生讲述了书店和个人的经历，会后我又询问了一些细节，大致可以还原东风书店的历史：1978年由上海华东师大老校友魏需逊聚合了37位股东（每人最多只能加入3股）筹集10万美元资金，在旧金山唐人街的边缘找了一个租金便宜又交通方便的原先是银行的店面开设了这家东风书店。魏先生是1965年由内地经香港抵美国，先后创办汽车加油站、旅行社、酒家等实业，参加华侨组织，从事爱国、保钓、力促中美建交等活动而成为侨领。70年代后期，本着全面介绍中国情况的理念筹办了这家书店。当时，黄达先生是股东也是副总经理，他说，当时的书架也是在自己的指挥下由工友们自行订制的，一直沿用至今。

黄达先生三年后出任总经理，他是菲律宾华侨，定居旧金山后曾在一家书店谋职。据说，他夫人是上海人，结婚时的主婚人就是魏先生和夫人伍萍芳女士。当初，友人作媒时，是魏先生夫妇在回上海时到女方家中拜访和了解情况的。

东风书店在八十年代曾是全美规模最大、享有赞誉的中文书店。白先勇、席慕蓉、茅以升、黄家驷、许涤新、韩美林、萧军、吴组缃、丁玲、关良、白杨、钱伟长和沈从文张兆和夫妇、茹志鹃王安忆母女等在旧金山逗留时都由魏先生带着前往东风书店举行讲座、画展或参访等。

现在，东风书店已被联合出版（集团）有限公司收购，成为北美主要华文书店之一。黄先生说，当时的收购价格是60万美元。作为创始人之一的黄先生回忆当时的情景时还记得因为销售台湾出版的政治类图书而被内地报纸批评，1999年至2000年初经营俏佳人碟片时出现了“数钱数得手软”、一年销售达30多万美元……2004年以后，碟片生意不好了。

魏先生曾任中国侨联海外顾问、旧金山美国华侨总会顾问、旧金山中国统一促进会顾问，2010年4月27日病逝（1930年出生，享年八十岁），蔡亚娜曾有《悠悠岁月赤子心——略记爱国侨领魏需逊伉俪》问世。

2014年，东风书店在网上开设了实名微博，微博主页“简介”：

东风书店（EASTWIND）位于美国加州旧金山，业务以贩卖图书杂志、文具、影集和武术DVD及音乐CD，并提供预订服务。经营举办以“城市”为主题的书展活动。

2015年7月7日的微博文字是——

第六版精装彩色图文本《十万个为什么》是来自全球各个学科的700余位最优秀的科学家和科普作家编写的。力求向广大青少年提供完整的基础知识体系，充分展现当今世界最新的科技发现与发明，打造中国一流的原创科普精品，向全球普及科学知识，传播科学精神。

现在的东风书店，一层主事零售，二层呈团购、开会、展览多元格局，现在年销售约为100万美元。经理傅纪妤女士说，去年从上海进口的图书的销售约为20万美元。我有些怀疑，当然也希望如此。毕竟，华文书刊在北美的销售量，主体仍然是港台出版的政治人物类图书，其中的一大买主可能还是大陆出访、旅游者。

现在，最令东风书店担忧的是大客户——旧金山图书馆在中文图书采配标书中明确，愿意提供费用由供货商制作一本书从采购到上架的“马克数据”，这是东风书店遇到的一个难题，而且对方提出的要求之一是制作团队主要成员必须是硕士学历。这次，傅纪好经理希望上海外文图书公司和作为旧金山图书馆“姐妹馆”的上海图书馆予以支持。

我也希望上海外文图书公司承接这项业务，虽然这是海外业务的第一遭，但谁能说未来也只有这一家？想想内地，多少家图书馆的“马克数据”早已由书店代劳了。

难得有缘与这些无论是业者、员工、图书馆采购者还是一般读者倾心交流，我是“少见多怪”地聆听着：

图书馆代表反映，旧金山各家图书馆的中文书采购人员现在已是第二三代华人，本身的中文阅读和表述能力都明显不够，由这些天天、时时阅读和交流以英语进行的华人进行“隔山买牛”式的订货，显然是有难处的。于是，定期提供由英文译出的经过选择的可供书目，成为内地供货商的取胜宝剑。

老读者希望大陆是否能有针对性地出版并供应一些大字本图书？也成为座谈会的议题。现在，台湾版图书的排版、字体似乎更适合老年人阅读。

无论是业者还是读者，一直在坚持希望降低进货折扣，这是否能在限时、限书上有所突破？

其间，我与书店副经理小王这位十多年前随父亲由上海浦东定居旧金山的年轻人进行了交流，并互留了微信，当他看见我的微信照片是一本《1843年开始的上海出版故事》时，显得有些激动，因为书店曾进过这本书而且已售缺，但他记得封面，现在知道我就是书的作者时，称呼也从先生直接称为“汪老师”了。我们彼此加了微信号，我愿意在往后的日子里提供一些有助于东风书店的咨询。

在东风书店，我看见一本定价550台币的书，销售价是41.08美元；一本198港币的书，销售价是45.75美元；一本20元人民币的书标价是10美元。通常，图书馆也会享受书店八折、六折的优惠。

早年，北美乃至整个美国、加拿大华文图书市场，是由台湾或香港文化主导的，尤其是联合报系的世界书局在那里经营台港出版的书报刊和由台湾专门为海外出版的华侨教科书等，也有一些像长青书店那样的独立书店。进入20世纪八九十年代，大陆留学生和定居美国的大陆人渐多，各种背景的华文书店不断涌现，呈现大陆、台湾、香港三地背景的书业人士不分彼此、共同经营三地出版物的态势。纯粹从生意考量，旧金山华侨尤其是老华侨对于华文书特别是大陆书的需要显得不是很强烈，毕竟这个“金山”已显陈旧，东风书店也有待改变环境，虽然现在的利润空间日益趋少。

对于城市之光书店、旧金山图书馆及附设书店的叙述，我留在其他篇章。无论是在商店、机场，大致上都能看见书店或卖书的专区，当然都是英文书。

在一个正常运行、不太糟糕也不太理想的现实面前，书业依然存在着，读书人也依然存在着。

10月11日，我等由旧金山飞抵温哥华，入住温哥华机场附近的喜来登酒店。12日开始在温哥华参观考察温哥华三联书店及“阅读上海专柜”等行程。

温哥华三联书店落地在一家名为现代坊的大型商业中心的二层2960铺位，营业面积约为270平方米。走近乃至走进这家书店，我的感觉特别好，明亮的灯光、整齐的书架、有序的布局，仿佛进入了一家上海新开的特色书店。

当然，也许是因为我等客人前往，书店有意识地整理了一下，但从店堂陈设看，这家书店应该是经营得比较成熟的。书店主要经营大陆、香港、台湾等地出版的华文简繁体书刊。据董事、总经理黄建业先生介绍，书店开业已有十二年，现在约有一万种书刊，租金为每月一万加币，宗教类、生活类、时尚类和娱乐类书比较畅销，一年销售100万加币，其中港台书约占70%。

记得之前曾有报道，在2015年美国书展（5月27日至31日）之际的5月31日，一个被新华社记者解读“为促进中加文化交流、推动中华文化在海外发扬光大的” 的百家海外华文书店中国图书联展曾在这里举行，是由厦门外图集团公司和温哥华三联书店主办，“举办这样的图书联展，也是中国和其他国家进行文化交流的一个重要窗口，加深了中国与海外读者的交往与交流”。书展展出图书3000多种、5000余册，涵盖中国道路、中国文化、少儿、生活类的内容和文房四宝、字画和工艺品等。

温哥华现在的最低工资为每小时10.4加币。书店员工的收入在整个现代坊中水平如何？这是我比较关心的事。

黄总经理介绍，书店员工收入在现代坊居中等水准，一般“长工”年入4万加币，他身为三联书店集团的董事、地区总经理，年收入约为7万加币。

截至今年9月，这家书店累计纯利润已达100万加币。这是黄总十分自豪的数字。

后来，我们在就餐前路过一家保健品商店，见一位老家在北京南礼士路、1991年来到加拿大的员工（我不知道怎么表述，员工、职工、营业员、打杂？）说，现在老板给他的小时工资是11加币。我说，那不错，超过最低工资了。她说，是的，才涨不久。过往的日子里，我曾多次去北京而且常在北礼士路行走，因为北礼士路54号是新华书店总店、135号是总店库房、招待所等，所以，也常常路过南礼士路，于是，彼此说起，倒也有几分熟悉感。不过，我却没有在这家由导游推荐的商店购物。

温哥华还有一家三联书店（华埠店）开在唐人街，经营的年份比较长了，显然有些陈旧，等到想去看看时，发现已经超过营业时间了。这也成为我这次旅程中的一个失落点。

据说，温哥华现在共有五家华文书店，其他三家都是私人经营的，也兼营着其他业务。

我在现代坊店买了一本香港中华书局2009年4月初版的《开明书店与五四新文化》（210×140mm，32开本，280页，正文黑白印刷，封面加勒口彩印），这本书在这家书店有两册，而且陈列在比较醒目的“中国历史”书架上，这本书的加币定价是29.6元，先承黄总好意，打了八折，为23.68加币，加上5%即1.18元加币的税，总价为24.86元加币。1加币约为人民币4.87元，24.86元加币就是121元人民币。回上海后，朋友说这本书网上也有销售，我查了当当网，售价是88元人民币（标价106元，8.31折），自然是便宜多了，只是，当不知书名时在网上查找也是一件难事，而且网上也可能断货。10月16日，我从当当网购买了两本台湾图书而且通过银行卡支付了书款，第二天却被告知，两本书中有一本在仓库找不到了，只有撤单或另选一本价格相仿的书，看来也不易，只能撤单。

同行者绍和兄买了一本台版书，台币857.48元，加币26.30元，八折后是21.04元，加上5%税1.05元，实际为

22.09加币。一本20元人民币的大陆出版的书在这里是以10加币出售，换算一下，以八折进货为例，这本书的毛利约为20元人民币。台湾版《毛泽东真实的故事》定价799台币，售价59.9元加币，台币与加币之间的差额为1:13.33。

温哥华是华人比较集中的城市，据说在250万人口中华人占了六分之一，而且在这六分之一的华人中，最近三十年移民过去的华人占多数，总体上这些新移民比较富有，做“寓公”的比较多，与多伦多相比，多伦多的老华侨比较多，从事体力劳作的人也多。因此，温哥华华人对华文图书的需求仍然富有潜力。据黄总介绍，以前上海的出版物都是从香港三联书店属下的中商广州办事处进货的，从上海外文图书公司直接进货还是近年的事。去年一次进货20多箱，开始还有担心销售，但不到两个月就基本出货了，感觉很好。所以，对这次设立“阅读上海”专柜也是颇有信心。

同行者、上海外文图书公司出口部经理杨棣后来说，2012年他在加拿大多伦多市参加北美东亚图书馆年会时通过“名片”坐地铁再换乘当地公交车，经过相当于从上海的人民广场到浦东国际机场这么长的路途去了多伦多三联书店，拜访书店总经理林峰先生，他在移民加拿大以前曾为香港万里书店总经理。正是林总力促，最终香港联合出版集团同意北美书店可以自行决定从上海外文图书公司直接采购图书……

“这里不是国内，我说说是经理，但什么事都得做。”当天，还有两位员工在收银台工作，一位年轻人只来了一年多。在一个小时中，进店的人络绎不断，有三人买书，都是实用生活方面的图书。

温哥华三联书店时代坊店，就像上海徐家汇港汇广场的新华书店一样，经营并有着利润，所以，比较使人愉快。或者说，华文书刊尤其是大陆书刊、上海书刊在温哥华的市场应该还是有潜力的。

中国出版走出去，经过十多年的努力，从参与书展并渐次成为主宾国，从收购华文书店到在主流书店如巴诺等阶段性设立展示区域，从购买版权到输出版权，从一次性捐书到设立图书馆，从投资加盟书店到自己开分社分公司从事外语出版……

政府的投资和打造，始终成为媒体关照的话题。可是，现状又如何？大陆图书如何深入民众、留存在民众手中？其实，我们的众多业者好像没有太多的考察和思考，存在着过度图解政治、迎合上级口味，现在提倡“一路一带”，业者就想着把相关的出版物放在中资书店、计划着直接投入到一路一带沿线……

我想，华文书展除了剪彩、观摩、赠书、专柜、专区等一系列“标配”举措之外，还能做些什么？

彼岸的那些业者早已学会糊弄、造假了。除了轰轰烈烈，我们是否可以直接与业者、图书馆代表、作者交流，是否可以在平时去看看那里的主流书店、华文书店究竟陈列着多少大陆版图书、销售业绩又如何？是否可以针对性地对那里的采购人员、书店员工提供些值得依赖的书目、样书等？是否可以建立一个专业的网站、微博、微信从事贴身推广……

经过多日的考察和与同行者的交流，我发现出版走出去的路径还有很多，过往的习惯似乎也可以改改了。在忙着赶赴景点、“翘西”（超市），拍照和采购的同时，留点时光改变一点现状，为华文书刊的“西进”多尽力，应该是所有出访、手持“公务护照”的人们可以做的事情。

2015年11月

金浩：钟书于书 用心于事

十多年前，我就注意到钟书书店，当时的直觉是这家店员工态度好；五年前的上海书展，认识了钟书书店总经理金浩，发现他务实、勤勉，与多数民营书店的经理者气质不尽相同；今年全国书博会期间，再次与金浩深谈，他"钟书"依然，把书做成一辈子的事业……

舍教从书 以趣立业

金浩出生于农村，是一个农民的儿子。1978年考入师范学校，两年后当上了一名人民教师。他曾说："面对好不容易跳出的农门，对同样是农民儿女的那一双双渴望知识的眼睛，我下决心要当一名好老师，全心全意地为农民儿女服务”。

1986年，年仅26岁的金浩被任命为副校长，同年加入了中国共产党，29岁时担任了校长。“我的学校很落后，但通过我们的努力，学校在1989年和1991年连续2次被评为上海市先进学校，我也被评为上海市优秀青年校长。我曾经说自己要做一个苏霍姆林斯基式的校长。”

“然而，随着自己学习的东西越来越多，越觉得我们的教育观念不尽如人意，自己的许多教育理念、管理理念无法在学校实现，觉得很迷茫、很无奈”。“经过反复的思想斗争，既然在学校里无法实现自己的理想，还不如自己选择另一条路，于是好不容易跳出的农门，结果又变得一无所有。出于自己喜欢图书的缘故，选择了开书店的创业之路。”

十六年的教育生涯从此画上了句号，从头再来，“钟书”诞生了。1995年8月18日，注册资金50万元，只有4名员工，租赁60平方米的钟书书店开业了，没有鞭炮，没有花篮，没有祝贺的客人，在这冷冷清清中开始走进了图书世界、走进了广大读者的心。当时面对这样一家小书店，金浩对自己说："金浩，这是你一辈子的事业所在，你要用心去做，你要坚韧，你要勤勉，你一定要实现自己的理想。"

1999年，钟书在青浦开设第二家钟书书店、2001年在奉贤开设第三家书店 ……18年来，先后在黄浦、普陀、闸北、青浦、金山、奉贤、闵行、浦东等区和崇明县开设了17家连锁书店。钟书的眼界并不止于门市数量的增加，2008年在松江建造了10000平方米的配送中心。2009年建立了党支部、团支部及工会组织。2012年闯出上海，在湖北省孝感市自购70亩土地建造华中出版物物流配送中心，开始尝试区域连锁配送储运业务。

如今，上海钟书实业有限公司注册资金2000万元，年营业额突破3亿元码洋；拥有200多名员工，自有产权建筑面积达4600平方米；先后获得上海市工会职工创业示范点、上海市诚信企业、上海市顾客满意单位、全国十大民营书业（教辅类）等殊荣。

学会宽容 以诚待人

通过在钟书公司总部和多家连锁店走访，听到、看到了很多事，也发现金浩成功的“秘密”。

有一次，一个部门经理和一位员工发生了激烈的争吵，当时金浩出差在外，两人都打电话给他告对方的状，数落对方的不是，自己的理由又是如何如何充分，金浩耐心听完他们的电话，详细了解了他们争吵的原因后，给两人都讲了这样一段话：“事情我知道了，你现在需要考虑的问题是我在这件事上有没有错，错在哪里？然后诚恳地去找对方道歉，说自己哪些地方错了，请求他的原谅，其他你就不用去理会了，不管他怎样的反应，具体等我回来后再说。”结果，一个小时后，两个人又打电话来了，说：“金老师，我按照你的要求向他承认了自己的错误，结果他不仅原谅了我，还向我承认了他的错误，我们已经没事了，你放心吧。”

学会宽容，以诚待人，多一些包容心。这是金浩对钟书员工的最基本要求。金浩在招聘员工的面试时，提出基本要求是：到钟书来上班，同事之间不能斤斤计较，书店好像一个大家庭，在一起上班要和睦相处，遇事要互相关心，互相帮助。

金浩常说，“员工做得不好，主要原因是我这个老板做得不够。”钟书很少辞退员工，“我希望员工都能永远在钟书，一直是钟书大家庭的成员。有什么困难、有什么想法可以找部门领导沟通，也可以直接找我。我相信只要大家多交流沟通，在钟书工作一定会很快乐，很开心的”。

钟书在提供就业岗位的同时，积极为员工创造尽可能好的工作和生活环境，让员工的父母放心，让员工安心工作，快乐生活，和和睦睦，让他们在钟书工作不觉得累，不觉得苦，真正能体会到钟书这个“大家庭”的温馨氛围。

不仅如此，这几年，金浩经常利用节假日拜访员工，到员工家中看一看，走一走，和他们的家人交流一下，尤其是在公司的外地人员，“我尽可能地到每一位员工的家中去看看，就像我当老师时家访学生家庭一样。只有这样我才能了解他们，知道他们想什么、需要什么，作为老板我能帮助他们做些什么事”？

从事教育出身的金浩，有着一颗宽容之心，这也就使钟书得以聚集忠心勤勉的人。

用心做事 以信处事

“凭良心做事”是金浩的口头禅，随着加盟公司的员工越来越多，如何有效管理成了金浩考虑最多的问题。

金浩曾在公司配送中心的墙上写了三个字——“不二过”，就是说“同一件事不能第二次犯错”，人不能犯两次同样的错误。他认为，员工今天因为看单子不仔细配错书，让司机白跑了一次，难道下次还能看单子不仔细、再配错书？我就要问你这样做事，你对得起自己的良心吗？

在钟书，许多员工能时刻铭记“凭良心做事”，并且用自己的行动诠释了这句话的真谛——用心做事，以信处事。

2010年6月，金浩和公司营销部的一些同事驱车1800公里、横跨24个省市去拜访客户，一圈跑下来，触动很大。看到许多公司管理制度严明、职责分明，回来后也想马上制订一套行之有效的规章制度。当时首先想在公司和连锁店安装指纹考勤机实行考勤制度。已经要求办公室员工在网上查询品牌，正要去购买的前一天，他七点十分来到公司上班，出现在眼前的情景彻底改变了决定，他看到的是公司里已是干得热火朝天，配送中心许多人在工作，司机和其他人都在卸书。七点十分，离要求的上班时间还有整整一个多小时，这些员工在忙碌着。这一切，没有任何领导要求，都是员工自觉、主动的行为。

从那天起，金浩仔细观察了员工上下班的情况，彻底改变了原来的想法。公司里确实有一两个员工上下班迟到早退，但不能因为要规范这几个人的行为而打击大家的热情、打击大家的情绪。“我相信这些迟到早退的人肯定有他们的理由，肯定有可以让人原谅的理由”。金浩和一位店长谈起过上下班制度，店长说有些员工迟到应该处罚，否则会影响其他人。金浩则认为个别人的言行是很难影响到大家的，除非钟书的文化还没有建立好，“我相信这些迟到早退的人是有让我信服的理由的，或者家中有事，或者闹钟坏了，但我相信他是偶然的，他不会每天迟到早退的，假若他总这样，我们和他沟通一下，交流一下思想，假若他实在无法做到，要一意孤行，我们可以劝他辞职，因为他的言行是不符合钟书企业文化的”。

“有一个时期曾经提倡‘科学的人性化管理’，事实上，我到现在对管理都很茫然，因为我思想中根深蒂固地希望员工都能‘凭着良心做事’——不是‘要你做’，而是‘我要做’。”金浩的“固执”，换来更多钟书员工心甘情愿地“我要做”。

懂得感恩 以义取利

“我这些年一直生活在感恩中。18年了，我得到了许多许多，有房、有钱、有车，但总觉得我最富有的不是我现在有了多少钱，有了多少房，有了多少辆汽车，我的富有是因为我拥有了一批员工，我始终认为他们是我最大的财富。”金浩说，“我的一切都是他们给予的，是他们养育了我，成就了我，只有他们才能让我越来越富有。我富有了，我会努力把公司越做越大，带领大家共同富有起来。”

这些年，工作成了金浩唯一的爱好，没有周末也没有节假日休息日，脑中全部是公司的事。当时为了给“上海作业”这套书取个书名，不知道多少个夜晚没有入眠，有时半夜爬起来记录一下刚思考过的东西，生怕这些灵感过了就忘了，当时给这套书取了不下几十个书名，但一直没有满意的，后来很偶然地觉得“上海作业”比较有代表性，才用了这个名字，为了这套书的封面，他也思考了很久，设计了多个封面都不满意，有次打开电脑忽然来了灵感，电脑屏幕上的windows的标志激发了他，四个扇形的图案，颜色如此鲜艳，于是便诞生了现在的封面。

就是凭着这种近乎痴迷的投入，钟书每年都要策划好几套图书上市，“钟书金牌”的品牌也越来越有市场影响力。

最近这几年，金浩总觉得公司发展太慢，逼着自己比以前更用心、努力。他的老父亲心疼儿子，时常劝他“不要再这样辛苦了”。女儿也对他说：“爸爸，我会自己挣钱养活自己的，你不要为了我而工作，要保重身体，觉得累了就休息吧。”

让金浩停不下来的不是“小家”，而是“大家”。一次听讲座时，主讲教授说，一个人当钱不是很多的时候，钱是你自己的；当钱积累到一定的程度，钱就是大家的；当钱达到一个很大的数字时，钱就是国家的。金浩受到启发，“我是在做事业，我要拼命地工作，赚了钱再进一步扩大公司，让跟着我的人能生活得好一点”。

按着金浩的规划，未来，钟书将在湖北孝感，浙江，江苏，广州，北京等城市开设分支机构，逐步将网点建设辐射至全国各省市；通过全国各地以新华书店为主体的经销网点，实现全国范围内出版物总发行的目标。

18年的历程，钟书书店塑成了上海民营书业的金牌，中国书业有影响、有业绩的品牌，金浩也因为亲民的眼界、寻常的经历和书生的品格，走得更稳、更远……

2012年6月

钟书阁，是否具有复制的可能

2013年4月23日，上海钟书实业有限公司在上海松江开设了一家名为钟书阁的书店，走过路过的人群大多表现出了欣喜之感，经营者也通过多种媒体发布了书店的动态，一个“最美书店”的头衔被公共媒体和自媒体一致地送给了钟书阁。

现在，实体书店因为网络阅读的发达、网络购书的优惠和店铺租金的走高、人员成本的涨价而搞得灰头土脸似的，不是关门大吉就是等待输血扶持。在这般大势之下，钟书阁是上海钟书实业有限公司老板的理想主义还是无知无畏？对于公众而言，这也许并不重要，重要的是钟书阁已经开业、已经受人喜爱并已经被封最美书店。

也许，钟书阁能否复制还需时日，但这究竟是个案还是榜样？却早已值得关注。

一

我先把媒体已刊发的有关钟书阁的文章剪裁一番，使读者先大致地了解一些背景：

1. 书店位于上海市松江区泰晤士小镇内，一个充满英伦风情的小镇，书店两层，位于街角，地理位置优越。

地址：上海松江区泰晤士小镇930号（三新北路900弄930号）

电话：021-67661899

时间：冬春季营业时间10:00至21:00；

夏秋季营业时间10:00至22:00

2. 钟书阁由获得中国建筑学会青年建筑师奖的高级建筑师、东南大学教授俞挺操刀设计。

3. 从构想到设计到装修，钟书阁经历了一年的筹备时间，其中光设计费就花了40万元。

4. 与传统图书零售商不同。从前期上百万元的装潢投入来看，钟书阁确实花了“大手笔”来打造文化环境氛围。

5. 一楼是书的迷宫。书店的主要空间为一块完整的方形区域，设计师将其划分成九宫格，亦为迷宫。格子间用深褐色木书架隔开，每个格子内部为一类书，九个格子之间的“门”用一条确定的流线相连接，其他相邻的格子间可用“窗”相联系，读者取完书即可坐在“窗边”阅读。立面橱窗部分一面为入口和展示橱窗，一面为一个宽阔的“榻”，读者可约三五好友盘坐其上，品读畅谈。九个格子顶部分别饰以九个女神像，更增添几分书海的神圣氛围。

二层主要空间为坡顶的高耸空间，设计师希望将其加以利用，创造出特殊的空间体验。设计师再次借助了书架——这一书店的必需品作为隔断，围合出中心的图书“圣殿”。“圣殿”内部以镜面和白色为主，弧形的书架将整个空间包裹，“圣殿”的顶面是镜面，书架后靠板亦是镜面，置身其中，仿佛坠入时空中的书海，亦有通天之感。“圣殿”外围是一圈走廊，外层亦为书架，陈列书画图册为主，内侧的黑色镜面上则用于挂各种画作。在这个人间天堂中，钟书阁不仅提供了极致的阅读体验，还为小型图书展提供了一个极致的展示空间，而这个空间背后，更隐藏了一个沪上最雅致的画廊，于是钟书阁在不经意中由书的天堂而入艺术的天堂。

联系书店一、二层空间是书籍阶梯。地面用书铺满，上面盖以玻璃，读者可自由地漫步在书海之上，四周墙面亦为书籍。

6. 在这里，从前实体书店中的读者变成了服务对象，书店的功能也多样化起来，将文化、休闲和娱乐结合到一起。比如，咖啡休息区、个人冥想空间、梦幻阅读空间、九宫格书房中的休息区等都精确地体现了店中和传统书店的不同。而成为书店会员后，书店可以为会员家庭的书架、书房或者某个放书角落的设计提供专门的服务，并以不破坏整个房间的装修风格为前提。若有一天家中的书没地方放了，可以在这里租赁一个角落交给店中的人专门打理。前面提到的“乔布斯的小黑屋”冥想空间也是个性化服务之一。

7. 钟书阁在泰晤士小镇的经营面积有647平方米，租约签了10年，每天每平方米租金超过2元。

8. 与单靠图书零售的传统书店不同，钟书阁有三个盈利点：图书零售、咖吧消费及读者活动。

9. 据了解，周一到周五，这里人流相对较少，不少真正爱书的人能在店中享受静静读书的下午时光。周六、周日或节假日接待人次可以达到五、六千人次。

目前，书店有着自己的咖啡吧，在平时接待喝咖啡看书的人较多；同时也能卖出不少书。但总体来看，因为选址在市郊小镇，如何才能快速实现盈利是一个大问题。

10. 钟书阁的计划是通过建立健全网络体验实体店的方式，通过“读者沙龙”聚集人气，主动去寻找读者，并和他们建立起一对一的服务方式，通过网络平台实现交流，以“读者沙龙”实现读者间群体的交流等方式，从“坐商”变成“行商”，在店外寻找财源，也就是推出以网络平台来寻找读者群体。

11. 上海钟书实业有限公司董事长金浩认为，面对网络的竞争，实体书店应突破传统书店的书籍买卖单一功能，成为一个人们面对面进行思想交流和文化活动的平台。这次投资开设“钟书阁”，只是一个新的尝试，如果获得成功，钟书实业将开办一系列“钟书阁”品牌书店。

二

7月13日上午，我去了一趟钟书阁。

据介绍，现在图书约有12000个品种、总计约6万册图书、约500万元码洋，员工16人（含2男14女，其中3名吧台咖啡师），员工均为90后，有5位组长（2位带班，1位负责图书业务，1位负责非图书业务，1位负责活动推广），上班时间采取休二天做二天的一班倒方式。目前的员工有6位是上海本地人，学历均为本科以上；非本地员工则入住公司在附近承租的标准套房（水电煤卫费用自理），公司交四金、员工每月到手收入在3500元—4000元，合同两年一签。员工的大学主修专业各不相同，学法律的主管政治法律类图书、学艺术的管理设计、绘画、收藏专业类图书。

财务、库房、人事均由钟书公司负责。现在平均每天销售4000元—5000元，周末在15000元上下。若要实现自我造血机能来维持书店的运营，需要每周再增加一个周六周日的好时光。

上海钟书实业有限公司董事长金浩认为，钟书阁开张以来比预期好，虽然上海市新闻出版局实体书店扶持资金、区政府补贴和申请总局给予的补贴加起来已经不愁保本，但现在的关键是要靠零售来实现保本，寻找生存的方式，钟书阁要自身造血。

未来，想在徐家汇等地尝试再开一家钟书阁（不是复制现在的格局），判断是否可以在大客流人群区域复制。

钟书阁的名声远播对于钟书书店整体品牌的推广是一种促进。

金浩认为，钟书阁是我现在心目中最美的书店。

三

7月15日，我把以上文字发给了上海书业的多位“当家人”，请他们一起谈谈钟书阁，是否具有复制的可能？

能提供好书的书店就是最美书店

朱旗（上海图书公司总经理）

在实体书店步履维艰的市场环境下，钟书阁敢于大胆尝试，探索新的经营模式，勇气可嘉，不管结果如何，都值得肯定，令人敬佩。

从目前信息分析，按行业一般利润率计算，即使不算折旧，钟书阁离盈利还有很长路要走，等目前的新闻效应消退以后，如何把书店打造成一个盈利模式稳定、可持续发展的、经营业态成熟的实体书店是巨大的挑战。

既然被冠上最美书店，其主营业务必然离不开卖书，如果主业和餐饮、旅游等其他衍生业务结构发生倒置，那么所谓书店也就“名存实亡”了，对其他的实体书店的引领和样板意义也就不大了。

本人以为，最美书店，不仅需要舒适、新颖的购书环境，还需要有丰富的精神内涵来支撑，书是人类的精神港湾，遍布城市角落的大小书店是滋养城市文化的毛细血管，读什么样的书育什么样的人，有什么样的人就有什么样的城市和国家，所以，能为读者提供好书的书店就是最美的书店。

佩服钟书阁的勇气和热情

缪宏才（上海社会科学院出版社社长、总编辑）

在实体书店普遍被网络阅读网上书店挤压得走投无路的大背景下，钟书阁逆势开张高调出场，它能活下去吗？它的运营方式能给实体书店带来希望吗？笔者去了钟书阁，认真看了每一架书、喝了咖啡、和店员、经理做了交谈，就目前所见所闻而言：

第一，钟书阁的新颖、特色何在？647平方米只有12000个品种，无论如何是太少了。而且，现有的品种，看不出有何特色。书店要品位高，仅仅不卖教辅书还不够。一家书店，不以书见长，靠装修妆饰布置出奇，难以长久。

第二，书店卖咖啡、文化用品，甚至卖食物、蔬菜水果，互相促进互相帮补，这在业内已成常态，谈不上创新。而且这类“副业”，规模若小了，不足以支撑主业；占地多了，喧宾夺主就不像书店。

第三，提升服务，改坐商为行商。理念非常好，但谈何容易。原价卖掉几套大码洋书、有单位来借场地开会顺便买书、为成功人士装备理想书房，等等，目前看来，基本上属于小概率事件，不能作为常态。

钟书阁认为："只要实体书店服务精专到位，就可以使读者认为网络书店的那点折扣是可以忽略不计的。"这话有理。不过，"在绝对的利益面前，神马创新、服务都是浮云"这话也有道理。一套10万元的书，网上6折就可以省4万元。除了不用自己买，谁都不会认为4万元可以"忽略不计"吧。

第四，钟书阁开张，得到了松江区，上海市和广电总局真金白银的支持，但这种支持的惠及面有多大、政策持续期有几年？充满变数。

所以，我们佩服钟书阁的勇气和热情，佩服他们的探索和创新；但我们认为，目前的钟书阁还没有为实体书店脱困找到一条新路、其不代表实体书店发展的方向、不能成为未来实体书店的普遍模式。

符号、理想与现实

张宏 (上海外语教育出版社副社长)

不知何故，现在实体书店似乎成了一个符号，或者某种情结。比如上海近郊一个英伦风情的叫作泰晤士小镇上新开的书店钟书阁，引得坊间和网络有些兴奋和热闹，甚至有称其为“最美书店”“最优雅书店”的，仿佛这家书店的出现可以成为拯救实体书店的良方之一，也或者竟是读书人某种情结的实现。

我们对书店本身包括其商业模式或者未来等不作评论，但当书店在这个国度已经成为一种象征性符号的时候，实际上说明读书、读书人的理想、读书的现实乃至书本身已经出了问题。

古代读书人最大的理想，大概不外乎学富五车、金榜题名、汗牛充栋、红袖添香之类，当然还有修身齐家治国平天下的高远。这些读书的理想大抵功利而实际在先，是读书人追求的改变自身命运的目标。不过这样的读书目标其实无可厚非，毕竟其前提依然是读书。而现在读书人的理想又到底是怎样的？现在人们又是为怎样的目标而读书？似乎我们已经很难用古人那样简洁明了的表述来总结了。何况放眼全民，现在包括我们的教育在内，对学生、对民众的读书又是在做着怎样的导向？阅读的习惯在这个国度又是如何地稀缺？

当下读书的现实如此，为了生存的书业更是功利不堪。众多实体书店的关闭是市场经济作用的结果，背后的推手却依然可以归结为人们对阅读的淡漠。钟书阁的出现，无疑是人们对读书的理想及引导阅读进行的众多尝试之一。但不容乐观的是，对书的热情和理想可以支撑一时，却无法长久。在读书和读书的理想已经如此实际、功利、模糊并关及生存时，钟书阁的勇气可能是唯一值得称道的。

开一家书店或者关一家书店，书店以怎样的面貌出现，无非是一个经营的决策而已。人们是不是还把书和读书当回事，则已经不仅仅是书店的事了。当书和书店已变成读书人关心的符号，而阅读的理想和现实矛盾重重且脱节已久，说到底，多一家钟书阁或者少一家钟书阁，其真正的意义已经不大。

给实体书店带来一丝曙光

顾斌（上海外文图书公司总经理）

欣闻上海钟书实业有限公司在实体书店因种种原因被搞得灰头土脸之时，在松江泰晤士小镇花巨资开了一家集售书和文化、娱乐、休闲为一体的实体书店。其设计之精美、装潢之豪华、理念之创新，一时在业界传为美谈。据悉，开业之初，各路读者和好奇者也都对“最美书店”趋之若鹜，纷纷前往一探究竟，使钟书阁成为泰晤士小镇最爆棚的一景。

笔者认为，在目前实体书店不景气的情况下，面临转型是必然的。大型书城如新华传媒已有举措，对小型专精特书店而言，更是如此。结合书店业态，引进咖啡吧、文化活动来作为经营的补充和吸引客流，已渐渐成为书店转型的一种常态。当然，钟书阁将对外承接书房定制作为经营手段之一，敏锐地察觉到了社会上潜在着的一种市场需求，将其和书店业务结合，确实是一种创新，值得称赞。

当然，书店的主业还是卖书，否则就不能称其为书店。就钟书阁的投入和实际运行后面临的租金和人力成本来看，单靠卖书的利润可能还是远远不够，因此咖啡吧等其他业务的经营利润就显得尤为重要。还有它所处的地理位置在今后常态化经营中的客流问题，毕竟，过多的观光客在带来热闹的同时，与书店所需的宁静氛围还是格格不入的，如何解决客流与销售、读者与环境之间的矛盾仍有待妥善处理。

钟书阁能否复制？笔者认为在一定范围内有可能。但前提是投资者要有较雄厚的财力，要有创新的思维，尤其是要对实体书店这种业态有着发自内心的热爱及勇于承担社会文化责任。有了这些必要的前提，加上合适的多元化经营及良好的管理、政策的扶持、读者的愿景，我相信像钟书阁应该能走出一片新的天地，也为处于迷惘和焦虑中的实体书店带来一丝曙光。

钟书阁的生存之道

赵建平（上海新华传媒连锁有限公司副总经理）

从上海松江的钟书阁开张的那天起，这家地处偏远的小书店就成了业界、媒体和公众的“热点”事件。

"五一"小长假，短短三天，竟涌入数万名读者，轰动效应可见一斑。而且，在其后的双休日里依然保持着旺盛的人气。

当下，许多实体书店步履维艰，即便地处闹市，不少门店也出现了门庭冷落的窘境，而钟书阁——一家民营书店，居然能横空出世，一炮走红，这不能不让人肃然起敬，特别是让书业同行有点刮目相看了。当然，外行看热闹，内行看门道。若论这家书店的设计创意、功能定位、阅读氛围确实很文化，让读书人充满憧憬，而向而往之。但论经营，明眼人都明白，光靠卖书，要保本、要赢利，短期绝无可能，长期亦极为艰难。

但是，细细品味，还是能看出一些能"赢利"的端倪的。除图书销售外，一是靠咖吧消费及活动承包；二是靠"理想书房"的定制；三是有市、区二级政府的扶持补贴。当然，这三条都是书店老板自己对外公开披露的。如果，仅靠这三条就能使书店保本且能赢利，从开书店角度而言，已称得上是成功之作了。问题是：第一和第二条究竟有多大的"赢利"支撑点，这对经营者的能力是一个很大的考验，而第三条也作为保本或“赢利”的支撑点来考虑的话，那让我们至少可以得出以下三点结论：一是开书店不同于一般商业，它更多地应该是准公共文化事业，若要开一家文化品位高雅、阅读氛围浓厚的书店，其投入和产出是很难做到匹配的。二是开书店是一种“文化担当”，在时下网购低价冲击的环境下，许多实体书店更多地在充当公共图书馆的角色，在大量地承担着阅读推广和城市文化品位塑造的责任，政府对实体书店有选择地、适时、适度地扶持补贴，不失为明智之举。三是如果图书定价机制和网购低价竞争未发生根本性变化，读者如果希望钟书阁长期坚守，且能广为复制，在社区、在城市的地标建筑里看到更多品位、个性俱佳的特色书店，政府就应该在公共财政支出和城市规划中，将其纳入准图书馆范围内，作为一项长期的公共文化政策来考虑和实施。尽管投入不多，但肯定会受到广大民众的欢迎，其社会效应将是成倍的。

不过，据了解，钟书阁老板除了开书店，还涉足出版策划、广告、旅游等多个产业，且长袖善舞，做得风生水起。钟书阁只是他打造品牌的一个重要平台，其他产业的赢利点很多是与他开书店有关。这真应了书业的一句老话："开书店不赚钱，但赚钱的都与开书店有关。"当然，前提是书店必须开好。

钟书阁带来最美书店话题

宋人伟(上海市书刊发行行业协会秘书长)

2012年，美国著名网站评选出全球最美书店20家。2013年，上海最美书店钟书阁也被社会与媒体呼之欲出。应该说，在网络书店与数字阅读冲击下，钟书阁的出现，是一个极具个性而有创意的典型个案，引起了社会与媒体的广泛关注，这说明实体书店的发展已经成为上海市民茶余饭后的聚焦点。

钟书阁的出现，对读书人、爱书人来说，是一个读书的圣殿，是高质量的最佳读书与购书的体验，对无暇顾及的不太爱书的人群来说是一种震撼，他们也会慕名来到钟书阁，在那里驻足、留影，进而购书回家，感受一种读书人的愉悦。这对钟书阁来说，既开创了书店把书卖给不太爱书的人的先例，又获得一个新盈利点。盼望钟书阁在举步维艰的情况下，在既能为广大读者提供丰富精神食粮与相关产品，又能为广大读者提供专业、优质服务的同时，能找到一个更多盈利点的创新模式，成为实体书店走出困境的示范样板之一。

钟书阁的出现，带来了最美书店的话题，行业协会以此为切入点，因势利导，引导实体书店向“专、特、精”方向转型，要定位精准、多元经营、服务优质、转型发展。对此，行业协会准备在上海开展“最美书店”评选活动（现正在调研之中），使之成为向社会充分展示自己的一个平台。积极营造城市文化氛围，推进全民阅读活动，提升市民文化素养，更好地发挥实体书店弘扬优秀民族文化，传播科学、文明的窗口阵地作用。在实体书店转型与突围中，让最美书店成为上海城市中独特的风景线，以促进包括实体书店在内的整个行业健康、有序、持续发展。

2013年8月

上海扶持实体书店资金落实始末

2012年5月下旬，上海市新闻出版局首批500万元出版物发行网点建设扶持资金通过银行汇入35家实体书店：有的若久旱逢甘霖，有的因此可以从容应对，有的简直是“活命钱”……

一

2012年2月28日，在上海市政府新闻发布会上，上海新闻出版局副局长阚宁辉向媒体发布了《上海市出版物发行网点建设扶持资金管理办法》（以下简称《管理办法》）、《上海市出版物发行网点建设引导目录》（以下简称《引导目录》），宣布上海将从新闻出版专项资金中划拨500万元用于定向支持各类实体书店，尤其是形成专业定位和品牌影响的民营实业书店。

上海市新闻出版局的执政举措在市政府新闻发布会宣布，足见此事甚为上海市高层关注。据悉，上海市新闻出版局局长方世忠上任之际，市府领导就要求下好实体书店生存、发展这盘棋，为遭受店铺租金成本上涨、网络书店降价销售冲击、读者阅读习惯改变等打压的实体书店伸出援手。

年初，在方世忠局长带领下，上海市新闻出版局将2012年列为“公共文化服务年”，期望与出版业界和社会各个方面共同支持实体书店的发展。一月底，以局发行管理处为骨干，结合政策法规处、出版产业发展处等局属机构和多位业内专家组成了调研和办法制定小组。阚宁辉副局长表示，扶持发展有文化特色的包括民营书店在内的各类实体书店刻不容缓，需要政府、业界和社会各个方面共同努力、共同推进。政府通过政策引导、资金扶持，为实体书店，尤其是中小微、专精特的民营实体书店“雪中送炭”，支持它们走品质化、特色化的发展之路，主要目的是为了形成充满生机和活力的出版发行业态和全民阅读活动机制，打造体现上海国际文化大都市定位和特征的一流的出版物发行公共文化服务体系和阅读人文环境。

二

在已经公布的《管理办法》《引导目录》中，可以看出具体操作构思：

《管理办法》对扶持资金的重点对象、扶持办法、申请条件、资金管理与审批、资金评估及监管等内容做了规定。扶持资金的管理和使用坚持“公开、公正、公平”的原则，实行“企业申报、专家评审、择优支持、政府决策、专款专用”的管理模式。《引导目录》作为《管理办法》的配套文件，为各类书店良性健康发展提供政策保障和规划引导，明确了包括大型书城与综合性书店、民营专业书店与特色书店、连锁书店、农家书屋与农村发行网点、网上书店与数字发行平台、出版物交易市场、全民阅读示范书店和区县品牌书店等八大类重点扶持领域和项目。

2月28日当天，上海市新闻出版局通过政务网站向社会公布了相关信息。3月15日之前，符合申请条件的出版物发行企业可按要求提出资金扶持项目申请，申报条件为：本市注册登记，持有《出版物经营许可证》，并从事图书、报纸、期刊、音像制品、电子出版物等出版物发行业务的企业。申请扶持的企业应该具备以下条件：（一）以出版物发行为主营业务；（二）具有一定的社会影响或品牌价值；（三）符合新闻出版业发展规划，对行业发展有引导推动作用，能产生良好社会效益和经济效益；（四）具备健全的财务管理制度和会计核算体系，经营状况良好，资信等级较高；（五）最近三年内未受到各级新闻出版行政部门行政处罚，且无其他违法记录。

新闻发布会内容经过媒体发布，立即为业内外关注，尤其是业内，甚至有的经营者以为“政府发钱了”，直接找到上海市新闻出版局办公大楼询问怎么领钱。

三

3月15日申报截止之际，共有63家民营、国有书店企业提交项目资助申报资料。旋即，由局发行管理处组建的工作组对申报资料的真实性、客观性进行预审，共分三路对一些处于边缘区域的书店进行了实地走访、拍摄经营场景，以便专家组评审时参考。

3月31日、4月1日，11位专家评委在一位监察员和一位观察员的见证下，参加了“2012年上海出版物发行网点建设扶持资金项目专家评审会”，从申请企业中遴选出符合条件的54家实体书店64个项目进行评审。

11位评委也是经过审慎思虑之后确定的：跨行业、跨地域，具代表性、广泛性，同时又均在出版文化领域颇有素养——曾在上海“两会”上号召“拯救”实体书店的市政协委员、主持人曹可凡，华东师范大学中文系教授陈子善，复旦大学中文系副主任傅杰，上海市崇明县文广影视局副局长黄胜，上海市新闻出版局发行管理处处长忻愈，上海社会科学院出版社社长缪宏才，上海辞书出版社副总编辑刘毅强，中华书局副编审李忠良，上海英特颂图书有限公司总经理、上海市书刊发行行业协会副会长袁杰伟，上海人民出版社《中外书摘》主编汪耀华，《解放日报》记者姜小玲。

评审程序是每个申报单位代表有15分钟陈述、评委提问答辩、申报代表退场后评委进行议论、各自在《专家评审意见表》打分，待评审全部结束时工作人工员公布总分，评委签名认可。

申报代表的陈述中，鹿鸣书店顾振涛说："我们用'小而精'的专业眼光选取纯粹的学术图书，坚持15年，心无旁骛。"鹿鸣书店始于1997年，至今仍在毗邻复旦大学的国权路。店招为学者王元化先生生前所题，店主和常客皆为"读书很多的书虫"。

季风书店总经理严搏非说："去年季风来福士店、季风静安店、季风艺术店全部因为租约到期，我们不能承担提高了几倍的租金而相继关闭。只有降低租金，我们才可能等到最根本解决之道诞生的那一天。"书店是有独立生命的，无论怎样，希望"坚持至死"。

上海目前仅有的24小时经营的大众书局毛泉陈述："我们与传统书店有明显区别，不像超市一样堆满书籍，而是精选好书，腾出更多的物理空间，还空间给读者。目前开张不久，媒体报道较多，客流量较大，因此运营尚未出现负增长，预计之后销量会走下坡路，水、电、人力开支的压力将增大，不过我们会坚持，将举办更多的夜间品读活动。"

在上海高校开设连锁店的学人书店副董事长、60岁的吴刚说："我们的原则是，只要亏得不多，就一定坚持。总经理身兼驾驶员、卸货员，常常扛包送货。"

那么，评审的标准是什么？《专家评审意见表》有10项评分指标：是否民营实体书店？是否专、精、特书店？是否中、小、微书店？是否经营开展阅读推广活动？是否具有社会知名度和品牌影响力？是否具有市场发展前景或潜力？……

四

4月23日，在一年一度的读书人的节日里，上海市新闻出版局通过一个座谈会公布了资助企业的名单：鹿鸣书店、季风书园、上海图书公司、千彩书坊等35家实体书店共同获得500万元。

35家企业中，包括民营企业25家、国有企业8家、合资企业1家、三资企业1家。其中，民营企业与合资外资企业占企业总数的77%，占资助额度的76%。这些企业涵盖综合类、人文学术类、少儿类、建筑交通类、设计类、法律类、经营管理类、外语类等单体书店和连锁企业，包括上海乃至全国有较大品牌影响的专业书店，在便民惠民、开展全民阅读文化活动方面颇有特色的连锁网点和规模不大但定位清晰、受到专业读者青睐的专精特、中小微书店。

上海图书公司总经理朱旗表示："政府资金的支持类似'输血'效应。摆脱困境，关键还在于书店经营者积极进行调整和创新，找到适应市场发展趋势、适合各家书店自身特点的经营方式。"

上海千彩文化传播有限公司总经理陆永说："从2012年起的3年到5年内，每年开办一家千彩书坊，并力争在上海各中心城区形成规模化的连锁经营。"

上海钟书书店正着手在淮海中路上筹建一家特色书店、在世博园筹建一家儿童书坊，总经理金浩在获得资助后表示："政府资助给我们一种信心，虽然钱不多，但足以鼓舞我们为了这个城市再开几扇书窗。"

500万元的资助款全部到账后，如何专款专用又如何监督执行？据悉，上海市新闻出版局将在稍后委托第三方中介机构实施绩效评估，在《管理办法》中也明确，资助资金"不得用于办公场所建设；不得用于请客送礼、发放奖金、补贴等违反财务纪律的支出"。"上海市新闻出版局有权对获助企业扶持项目依法进行会计核算，获助企业有义务配合财务检查和审计"。

五

全国率先扶持，上海首批示范。面对35家企业，方世忠局长认为："上海对实体书店的扶持，不是简单地向实体书店'输血'，而是要给读者以信心，给书业以引导，重在鼓励书店坚守专精特的文化定位，并按照读者阅读体验的新需求，不断创新书店的新业态、新模式、新服务。

我们期待通过业界、政府和读者的共同努力，全力营造书香上海，让广大读者‘享其书、安其所、畅其乐’，使上海成为‘读书人最舒心、最安心的城市’。”

阚宁辉副局长透露，今年下半年或有第二批企业获扶持，引导支持多种业态良性发展。“实体书店是城市文化生态的重要组成部分。为了合理布局覆盖城乡、多元丰富健康的出版物发行网络体系，根据实际情况和社会需求，每年政府的政策引导、资金扶持，都可能有新的调整和变化。”

六

我参与了《管理办法》《引导目录》的起草，对实体书店的一些想法也获得了决策者的采纳。例如，不必以资助民营书业为新闻点展开，政府行为就应该在国有民营、大中小书店之间选择，不可偏废。譬如，要以项目申报，以便抓实等。

上海外文图书公司、上海图书公司、上海季风图书有限公司、博库书城上海有限公司等都申报了需求扶持的项目，不过，上海新华传媒没有项目申报，可能是谦让？假如新华传媒也加入，那就是另一种结果了。

针对申报者，进行申报辅导应该是一个保障扶持的基础，如何填写申报表、如何进行项目分析、如何支配扶持款项？申报关过了、评审关过了、监管关开始了，其实，政府的钱是不好拿的。

引导实体书店自我发展，政府若能推行如国家社科基金对“后期资助项目”那样，对实体书店进行“后期项目评估资助”，或许会更有效果。

上海提供了一个政府扶持实体书店的样本，表现了一个负责任、有担当的政府职能部门的智慧，若能持之以恒，想必在这个文化绿洲里，民众会更加心情舒畅、书香飘逸。

2012年6月

三书店各受助10万元之后

今天，实体书店如何生存？如果不是因为教科书、自有物业的保障，恐怕早已“前浪倒在沙滩上了”。在这个大背景下，实体书店如何维持、如何转型，已经成为一个热门话题。日前，笔者受邀参加了上海市新闻出版局“2012年新闻出版专项基金（发行渠道）项目结项验收”，通过视频、结项报告、财务清单、走访店铺并与业者交流等，了解了2012年获得上海新闻出版专项资金资助的那些实体书店的运营轨迹，期望通过本文，披露三家受助书店在各获得10万元资助后的运行情况与业者交流。

一

中图上海公司联合上海浦东嘉里城房地产有限公司，在浦东嘉里城开设了一家120平方米的高端综合涉外书店，也就是BOOCUP现代书店浦东嘉里城店，2011年8月中旬对外营业，主要服务目标为浦东花木、联洋、碧云地区居住工作的人群，包括港澳台同胞以及外国友人，顾客大多数是年轻的具有国际化背景以及对艺术文化有追求的群体。

现代书店浦东嘉里城店在“结项总结”中写道，作为一家高端书店，书店牢牢把握目标客户的需求，以“图书、杂志、音像制品、文创礼品”为主要产品线，以满足该区域客户的文化消费需求。同时，书店还为客户提供各种个性化服务，包括：选书服务、包装服务、订购服务等，并通过各个节日具有个性化的活动，让顾客感受到实体书店的浓浓书香。

最初计划书店在三年内成为花木地区的地标性涉外书店，并实现收支平衡。根据测算，书店计划第一年实现销售120万元，第二至三年实现销售144万元，第四年实现销售168万元。根据书店的实际运营，第一年即已实现销售180万元，超额50%完成计划，第二年实现销售244万元，超额69%完成计划，目前正处在第三年的进程中，预计可实现销售280万元，预计超额94%完成计划。通过自身经营提前一年完成了收支平衡，在实体书店业整体不振的大环境下开拓了成功的道路。

在完成经济效益的同时，书店通过提供丰富的多语种图书，为中外读者架起文化沟通的桥梁。同时，为五洲等诸多国内出版社搭建专架，将优秀的涉外书籍推荐给国外读者，在书店内实现了“走出去”的战略目标。通过加强员工的外语和专业类知识培训，从书店环境、服务等各项软性指标着手，在上海市委外宣办“2011-2012年度对外书刊宣传工作先进单位评比”中获得了金奖称号。在浦东花木地区甚至整个上海地区都形成了良好的口碑，成为读者心目中购买外文原版类图书、文化创意礼品的首选地，同时实现了三年内成为地标性涉外书店的目标。

这个项目成本决算260万元，包括前期装修成本、铺货成本、1—3年租金成本、物业管理成本和人工成本。申请并获得资助10万元，全数用于前期装修。这是一个成功的案例，资助不多，走势很好，前景更好。据了解，因为外籍人士是消费主体，又是以进口版图书为销售主体，利润空间较大。

二

2007年1月开设的以经营人文社科类图书为主的渡口书店，在“结项总结”中写道：本次申请，渡口邻里书店（现已更名dukourecycle），经过多方联系与长期准备，最终得以在上海戏剧学院华山路校区内上戏图书馆一楼佛西书屋落地，并于项目预计完成期限内的2013年9月试营业，目前已正常运转。

该店场地有效使用面积约30平方米，主要面对上海戏剧学院师生及社会读者。在原来二手书刊经营设想的基础上，结合佛西书屋原有戏剧书籍特色，补充相关人文社科类图书，扩大经营范围，增强经营特色。今年内将继续推动“循环再利用”、“物尽其用”的观念，并结合“戏剧”书籍特色，配合开展相关活动，为所在区域提供文化服务，同时通过网络宣传，在较大范围内推广相关理念，推进读者持续学习风尚。

政府基于这家书店经营者的坚韧，在这个总投入14万元的项目中给予了10万元资助，用于设备购买、房租、人工开支，然而书店给人的感觉基本上“没戏”。因为书店没有找到合适的生存模式。经营者对于“新书+二手书”经营理念很执着，但是怎样在“上戏”趟出一条道来，还没有可行的步骤。虽然博物馆开书店、电影院开书店、图书馆开书店、咖啡馆开书店等都有成功案例，但在专业性大学开书店并且没有获得教科书经营许可，经营者也没有其他收益支撑，要想成功，恐怕还需时日。

三

千彩书坊开设在静安区张爱玲故居（常德公寓）。因为地处静安区的常德公寓，既有区政府打造文化氛围的背景，又是高档的白领工作、消费的成熟区域，更有着张爱玲故居的故事，被认为是怀旧上海人的一个人文艺术景观和旅游景点，依赖着以咖啡点心为主体的咖啡店+陈列着与环境相吻合的图书，被认为是书店“转型”的一个案例。

因为有着常德公寓的案例，千彩公司开设了浦东店。2012年提交的专项资金申请表中项目的必要性包括：填补浦东地区特色书店布局空白，满足浦东地区居民文化消费需求。有效落实公司实体书店发展规划，尽快尽早形成书坊连锁经营规模，提升公司的品牌影响力。

千彩书坊打造的是以经营图书、咖啡茶座、艺术品为主，定期承办名家、学者的艺术和投资讲座，举办展览和沙龙的文化交流场所。千彩书坊浦东店地处客商云集的黄金地段，高级金融商务区，紧邻陆家嘴商圈。环境优雅，并兼有交通之便利。书店占地面积约200平方米（包括室内店铺、露天茶座及相关附属）。通过准确定位、精心设计和精致装修，希望通过二至三年的努力，打造成浦东地区、陆家嘴商务区的一家特色实体书店和一个知名文化品牌，并形成浦东浦西各中心城区的规模连锁效应。该店装修风格秉承“中国古典文化与老上海风格融合”，经营模式探索“书+咖啡、茶+新的文化元素”，图书陈列布局坚持精细化、特色化，这些不仅借鉴了千彩书坊静安店的成功经验，“也反映出我们对实体书店发展前景的判断和憧憬”。

在“结项总结”中，千彩书坊提供的直接成本总结算是194万元，其中包括获得政府资助的10万元，这10万元主要用于设备、广告宣传等费用，2012年10月开业。千彩浦东店设计装备同之前公司自筹经费开设的第一家店铺相同，将海派小资的风格体现得淋漓尽致。图书配置也求精致。举办了多次名家讲座、艺术沙龙等公益活动，社会评价极好。虽然如此，但根据千彩书坊静安店的经验，开店后的四年内店铺将完全依靠公司每年现金供给才能存活，浦东店也是如此，目前公司每年仍将继续向浦东店投入约50万元的现金以维持生计，且将维持三到四年的时间，也就是说，浦东店的现金流赤字在未来的三年内仍将继续。

尽管如此，千彩书坊仍然表示：“我们始终保持着千彩书坊静安店的经营模式，也秉承着我们对实体书店发展前景的憧憬和信念。我们希望再通过三年的努力，使得千彩书坊浦东店也能够自主盈亏的活下去，填补陆家嘴地区特色书店的空白，满足附近居民和周边工作职员的阅读休闲需求，同时把这家店打造成浦东陆家嘴地区特色实体书店的一个文化品牌。”这家没有了张爱玲故居的传说，没有了常德公寓的故事，只剩下在浦东打拼的白领和闲暇时光难以留存驻足的观光客的千彩浦东店，从开始到现在一直在“流血”，而且今后每年还要投入50万元左右。

已见彩虹的现代书店浦东嘉里城店，方向难辨的上海戏剧学院渡口书店和前程迷茫的千彩浦东店，再过二三年会如何呢？

2012年，上海市新闻出版专项资金共资助了35个单位，选取了三个实体书店作为案例，说明决策并不容易。上海市新闻出版局副局长阚宁辉全程参加了项目验收，对于政府资助项目的结项，提出了“事先把握，中间监控，后续跟进”的长效管理格局，市局发行管理处处长忻愈也提出了一个全程监管的措施，使政府资助资金体现贴一点、补一些、扶一下的功能。政府资助只是杯水车薪、雪中送炭。资助的方式只是资助或补贴、货款贴息、奖励，政府不会全额资助实体书店亏损，发展最终得靠书店自己。

2014年8月

第一线：发行师的现场感悟

2010年底，上海首期出版物发行师论文答辩举行，有49位上海出版、发行单位的学员经过三个月的理论知识及操作技能培训、论文写作及审阅后，有45位学员在此次答辩中胜出，成为上海首批出版物发行师（国家职业资格二级）。

根据新闻出版总署、国家人力资源和社会保障部《关于对出版物发行员实行职业资格证书制度的通知》《出版物市场管理规定》和《关于开展出版物发行师职业技能鉴定工作的通知》精神，自北京等地进行首批出版物发行师培训鉴定试点之后，上海成为全面推广的区域之一。

据悉，纳入出版物发行师考评范围的是现正从事出版物发行工作的出版社、期刊社、报社、音像制品企业、国营书店、民营书业的工作人员。笔者受邀作为高级考评员参加了上海的论文答辩，从这些长期在出版、发行经营第一线同仁的论文和交流中获益良好，承上海市新闻出版局、新闻出版总署教育培训中心上海分中心的支持，收集了所有学员在参加答辩后修改过的论文，现择其要点并略加点评，希望能体现书业第一线经营者从感性到理性的感悟。

1.创建服务品牌

上海新华书店普长店 郑海毅

用新华书店的传统服务注入新内容，打出“尹鹏购书热线”服务品牌。

“尹鹏购书热线”是新华书店“为读者找书，为书找读者”服务宗旨的深化，是徐虎报修箱“辛苦我一人，方便千万家”在新华书店服务工作中的体现。“尹鹏购书热线”自1997年开通十三年来，热线也在与时俱进。服务品种从单纯的图书拓展到办公用品、体育用品、电子产品。服务方式从读者求购到现场服务、流动供应、主动发短讯。尹鹏自费订阅了多种报纸，从中了解出版信息，及时编印《购书指南》寄发给有关单位，为好书找读者，为读者找好书。他为读者提供全方位、多品种的“无店铺”销售，受到了读者的欢迎。

“尹鹏购书热线”是一种服务精神，这就是把方便让给读者。规范服务中的“便民服务项目”，规定了“缺书登记”项目，各门店都把学习尹鹏的服务精神落到认真做好缺书代办工作中去，赢得了读者的信誉，2010年1月至9月，十一个门店中有十个门店销售净收入超去年同期，全店销售净收入同比增16%。为了使“尹鹏购书热线”服务品牌能持久地进行，自1998年以来区店每年开展以全国先进工作者尹鹏的姓氏命名的“尹氏杯”销售服务劳动竞赛，以打响品牌服务为抓手，激励各个门店积极向上，进一步调动员工的积极性。“尹鹏购书热线”服务品牌，经市商委研究决定，被命名为2009年度上海市十大服务品牌之一。为使“尹鹏购书热线”服务品牌更加发扬、光大，我们在区店范围内开展“向尹鹏同志学习”的热潮，为新华书店更好地培育品牌、弘扬先进起到积极的作用，涌现了谈伟华等一批品牌苗子，我们大力宣传他们的服务思想、服务技术、服务特色，通过总结他们的服务经验，来进一步提高全体员工的群体素质，为新华书店增添更加美好的商誉。

点评：上海新华有个尹鹏购书热线，虽然这几年经过多种历练，好在还在。

2.营销的四种创新方式

上海书城 沈勇尧

营销活动手段是完成营销活动目标和目的进程的关键点，要着重抓好几方面：

一、营销活动要懂得“经营政府”。要以极强的敏感性密切关注政府的政策动向，如重大政治活动、重大国际性大型活动，关系到人民群众切身利益的事，要在第一时间把这些主题组合到布局设计活动中来，让媒体主动来卖场采访报道，以提升企业的品牌。

二、营销活动要懂得“经营社会”。充分利用社会资源为营销的着眼点，一是把企业的资源全面向社会开放，如展览活动、报告厅、演讲厅、咨询场地对外有偿租赁；二是主动承担社会影响大的公益活动，如慈善捐赠活动、义卖活动、反盗版签名活动，开设名人讲堂，重大纪念活动策划，用费用换取社会对企业的信任，以扩大企业的知名度。

三、营销活动要懂得“经营读者”。读者是营销活动的基础资源，一切活动都是为了引得不同层次读者的互动参与以达到增加卖场人气效果。营销必须最大限度满足读者的利益和需要。如免费的高考咨询讲座，名主持、名演员、名作家与读者见面互动、签售会。各种类型的报告演讲会，极有传统特色的名书法家送春联，元宵十五灯谜会，定时刊登营销活动信息，引导读者参加读者俱乐部，使一大批忠实的、不同类型的读者始终聚焦书城。

四、营销活动要学会“经营自己”。作为企业要考虑是把企业精神灌输给每个员工，培养和造就一批懂业务、会管理的经营人才，有极强的应变能力，掌握随市场变化而善于调整布局陈列和经营思路的本领；要把企业的目标定位充分凸现出来，并且把这种定位信息传递给社会，把企业的经营理念输送给读者，把优质完善的服务和优雅舒适的环境作为附加值，让读者充分体验。

点评：书店等客上门的耐心日益减弱，大书城的营销早已风起云涌，书店营销其实也就是经营，经营之成败，对于业者而言，太致命了。

3. 走特色经营之路

上海外文图书公司 黄波

面对多种冲击，难道书店只能被动地面对增长放缓、销售下降的趋势吗？书店真的会被淘汰吗？也不尽然。首先，网络书店虽然增速迅猛，但不可能侵吞整个市场，因为在这个多元化的时代，人们的购书和阅读方式具有多样性，网络书店不可能一网独大。网络阅读、手机阅读，由于信息碎片化，容量巨大，也使人们接收深度信息的效果受到影响，且容易疲劳。而电子书目前内容有限，远远不能满足读者多样化的阅读需求，且价格昂贵，人们阅读习惯的改变也需要较长时间，电子书全面推广尚需时日。书店作为图书销售主阵地的作用并没有改变，只要找到自己的生存空间，发掘新的销售增长点，就能长久延续发展。

在激烈的竞争环境下，实体书店可以根据所在位置，客户群体，精选图书品种，开展特色经营。我公司在古北地区先后开设了三家门店。由于都是在一个区域，地理位置较近，为了避免经营上的冲突，我们对每家店的顾客群进行了研究、细分，选择了有针对性的错位经营。一家门店以原版儿童读物、杂志为主，一家门店以外国人学汉语的书籍为主，一家门店以建筑装潢和时尚类图书为主。因为特色经营，定位准确，三家门店的销售都有了保证，并且各自都有了稳定的客户群。同时三家门店又加强横向联系，资源共享，使每家门店都同时拥有了三家店的客户资源，这样就拓宽了销售渠道。目前每家门店的年销售业绩都稳中有升。作为实体书店，我们无法与网上书店展开价格上的竞争，但通过特色经营，我们能为顾客提供专业化的服务，这是我们的优势。

点评：本文可读之处在于披露了在上海一个比较时尚、外籍人士较多居住的小区开了三家门店，而且细分市场各具特色。这是一个值得关注的事情。当配送成为进货主线之后，门店如何作为？配送如何恰到好处？实体书店通常有固定客流，如何使这个客流享受到其他门店所难具有的与众不同的品种服务，应该成为门店经营者提升业绩的考量指标。

4. 机场书店的运营方式

上海外文图书公司 陈建东

机场书店作为一个零售企业，提高其运营效率的条件有两点，首要是机场书店内部的运营管理，包括书店的投入成本管理、店内商品配备等；其次是机场书店外部的上下游客户沟通，所谓上游客户就是众多的供应商——各个图书及杂志出版机构，下游客户是广大消费者——所有路经机场的人员（包括旅客、机场工作人员及其他有可能在机场进行购买行为的群体）。

机场书店的传统盈利模式主要是进销差价，再加上基于某些产品特殊的服务要求而获得的推广收入。所谓做好上下游客户沟通，就是要上游和下游分别进行拓展，在上游争取得到各个供应商的支持，在下游要拉动所有可能的消费对象，这就需要在传统盈利模式上不断进行创新思维，开发出更多的盈利模式。目前来看，还是有拓展余地的。

在与上游客户沟通方面，机场的高附加商业价值本来就是上游供应商特别看重的地方。机场的市场影响力是其他渠道不能比拟的，机场书店近年来愈来愈受到众多上游出版发行机构的重视，很多出版发行机构还单独设专人专项以服务机场书店，视机场书店为特殊渠道，并提供许多优惠的特殊销售支持和市场推广，这就使得机场书店与上游供应商的深层次合作成为可能。机场书店可以通过更多创新的推广方法和促销手段来获得上游供应商支持，从而实现双赢的目标。例如向上游争取到更好的销售合作条件、举行各类型的主题专场促销等活动，通过销售量的大幅增加来提高书店盈利能力，同时还可以获取供应商将来更好的支持；甚至对比较有把握的商品可与上游客户合作，采用定制的方法来提高毛利率等。

在与下游客户沟通方面，通过各种方式拉动消费者需求是一个经常运用的方法，常规的做法有店内POP展示、特殊折扣、买赠活动等，当然还需要拓展更多的拉动方式，例如在有条件的情况下在书店内可增加一些视频设备，通过不断播放图书的相关信息来推广销售；在书店设立专职促销人员，通过对客户的一对一服务来介绍产品，促进该产品的销售。扩大消费者群体也是可以尝试的方法，机场的消费群体并不仅限于旅客，把广大的接机人员、机场工作人员及航空公司的驻场人员都纳入有效的消费群体，像上海机场这样的一线机场，单单驻场人员要达到近万人，而且他们一般月收入也比较高，如果能针对这批人员采购些适合他们需要的产品，对拓展机场书店盈利也将是一个很好的补充。

点评：机场书店在书业门店经营范围属高端区域，通常具有准入门槛较高、租金较多、读者较多、购买力较强、购买层次较高、对服务要求较高，因此，在内地的众多一二线机场，人们所见到的书店，其图书经营者不是

“新华系”，上海外文书店作为国企而通过竞标获得在浦东国际机场开设书店已属不易，其经营风险也不小。本文作者对于机场书店的运营认知，实属不易，而且对同业也有较强的参考价值。

5. 库存与图书采购

上海新华传媒连锁有限公司 李庙林

不同生命周期阶段图书采用的不同的采购策略。

图书采购在书店经营过程中占有重要的地位。合适的图书采购策略是图书采购任务顺利完成和促进图书销售的基本保证，是实现书店经营计划的重要手段。书店经营者要根据图书生命周期中试销期、发展期、饱和期、滞销期四个阶段的不同特点采取不同的采购策略：

（1）试销期的采购策略。要先分析该图书的销售情况，坚持“少进、勤进、快销”的原则。如文艺班组有一本新书：《他改变了中国：江泽民传》定价：38元，首次进货504本，2月28日第二次进货200本，3月9日、17日二次共进货200本，4月1日进货200本，5月18日进货56本，7月

18、20日分别进货30本，8月29日、31日分别进货56本、50本。2月份共销出472本，3月份共销出376本，4月份共销出144本，5月份共销出73本，6月份共销出20本，7月份共销出49本，8月份销了55本。2至8月共进货1296本，销出1189本，此书的周转率为11次，属很好的（可能是单位需求较多）。

（2）发展期的采购策略。要积极组织货源，扩大采购数量，促进大规模的销售。如社科班组有一本书《赢在执行》，这是一本时下正在流行的企业培训类的图书，不仅有书还有配套光盘，首次进了20本，不到两个星期就全部销完了，第二次积极组织货源，一下子进了200本，其后的两个月又连续共进了500本，到目前为止累计销售了683本。

（3）饱和期的采购策略。要适当控制进货数量，不宜有太多的库存。有许多工具书，如《新华字典》《现代汉语词典》等已基本处于饱和期的图书，采购时要适当控制数量。

（4）滞销期的采购策略。要准备清理库存，卖完存货就转卖其他种类的图书。一些文件类书籍，时间性较强，过了一定时间就要清理库存。如一本辅导读物单行本，首次进了50本，至7月21日还有48本，像这类图书就要及时进行清理。

控制库存可以从以下几个方面着手：

（1）事先做好计划。销售量降低库存必须随之降低。书店要在任何时候都能事先计划好每月每年的销售目标，以及每月每年的存货水平和存货周转率。通常情况下要保证库存量不会超过目前情况下和销售记录能显示的实际需要量。

（2）进货要明智。在采购的最初阶段，书店要对潜在的顾客进行调研。进货时要避免心理陷阱，要把存货降低到目前的销售水平。

（3）留足现金。书店只能将部分收入用来采购。要留足现金以便及时采购其他图书。

（4）滞销书要及时下架。以便留足书架为能带来利润的畅销书、新书做准备。

点评：退货没商量，书店现在已经不大有库存压力了。如果有人还在关注并寻求有效存货，那一定是个先进工作者，采购如何成为营业员的本职工作?

6. 教辅市场趋势

上海新华传媒连锁有限公司 高云龙

教辅图书是一般图书市场中销售较高、利润比较丰厚的一块。根据大城市新华书店有关数据统计显示：教辅图书在其零售书店的销售中，占有较大的比例。一般情况下，占大型零售书店总销售的25%至30%，占中大型零售书店总销售的35%至45%，占中小型零售书店总销售的50%-55%，还有一些教材书店，占有份额更大，在85%以上。所以教辅图书销售历来是零售书店销售的重头，一直深受零售书店的高度重视。

面向学生的教辅类图书大体上可以分为同步类教辅图书和非同步类教辅图书。

同步类教辅图书以教学讲解、课堂内外练习、阶段测试、考试等为其基本内容形式，一般与教材“同步”紧跟，是教辅图书出版的主要类别，约占全部教辅图书的

70%。同步类教辅图书销售时间较紧、较短，销售时间一般为二到三个月。

从上市的同步类教辅图书情况来看，以2010年为例，教辅图书出版商同步类教辅图书依旧是以对老品牌成熟系列的着力维护、积极营销及精心打造为主，只是根据教材变化有所拓展，而对于新品种的编辑、出版则是比较小心、谨慎，比较有控制。如销售情况较好的华东师大的《一课一练》、百家的《金牌一课一练》，希望的《水平测试》，上海少儿的《最新上海名师导学》，上海钟书的《新教材全解》《金试卷》等，几乎都是已受到读者肯定的、老品牌成熟系列的修订再版。

非同步类教辅图书以作文、阅读、题典、专题、方法、规律、技巧、工具书等为主要品种，销售时间较长，一般均可全年销售。

从上市的非同步类教辅图书情况来看，2010年依旧是创意独特、质量优秀、品种完善的非同步类教辅图书拥有读者，如销售情况较好的华语教学社、山西教育社的作文类图书；龙门书局的《龙门专题》等，均在市场上有不错的业绩。而那些选题重复、内容大同小异、结构体例抄袭、剪刀“高手”的品种，在市场的检验下，最终应者寥寥，淘汰出局。

今后的趋势：

教辅图书的品牌将更加突出，品牌竞争将更加激烈。品牌优势将具有极大的市场竞争力。

教辅图书品种将向系列化方向发展。教辅图书品种将会越来越多，单个品种印数将会下降。

教辅图书的区域性市场需求在逐步扩大。

教辅图书利润将逐步走低。

同步类教辅的数量将会下降，而以培养综合能力为主的综合性教辅将会增加，并为广大读者接受、认可。

教辅图书新品种推出将理性收缩。

对于销售终端的营销力度将加大，品牌树立，消费者认可，将成为关键因素。

新销售方式的出现——直销网络和封闭销售的建立与兴起。

在通过计划征订渠道直接进校的销售形式基本结束

之后，直销将成为同步类教辅图书迅速走进终端的较好选择。

另外，教辅图书封闭销售模式也在悄然兴起。

教辅图书市场无序竞争还是存在，但将逐步减弱并走向有序。

教辅图书随着其低利润时代的到来，教辅图书的利润空间在缩小，而教辅图书的品牌化、系列化发展趋势在增强，教辅图书的市场竞争形式将从以往的折扣竞争转向为品牌竞争，品牌优势重要性更为突出。

点评：虽然年年减负，但放眼广大书店，一半以上成了教材书店，卖是一直在卖，但对于其中的趋势却难以把握。本文的长处在于能够“跳”出来进行，而且实务。

7. 期刊销售渠道管理

上海壹周文化传媒有限公司 黄卫东

对于一本期刊来说，直销（也称直邮），尤其是互联网直销的形式，是最能为刊社带来利润的模式，但由于存在投递质量不高，刊社重投风险太大，再加上没有品牌效应，很多刊物不可能依赖直销的模式在规模销售上形成突破，故而不得不以成本较高的区域代理模式为主，再辅以直邮等其他销售模式，形成综合销售。区域代理模式的选择也要本着简化环节的原则，以求提高单个流通环节利润，减少销售冲突、降低销售成本、方便管理。

从销售学的角度来说，商品每经过一个销售环节，都要产生自己的销售成本和销售利润。也就是说，商品流向销售终端过程经过的环节越多，到达销售终端的利润就会越小，反之则越大。

举个例子来说，如果刊社给一级代理商的销售费率是40%的话（眼下全国期刊市场的普通扣率），期刊从一级代理往二级代理商流通的过程中一般要扣除10%至15%的利润，如果二级代理再扣10%批给零售商的话，零售商的利润就只有15%了，因此一定要减少销售渠道流通的中间环节。这就是为什么期刊社越来越不愿意采用区域总代的根本原因。大多数期刊社倾向于在每个地级市找一名合适的销售商，直接对他们供货，以求零售商获得更多利润，提高销售热情。那些供货成本相对较高或时间很难保证的区域，一般都交给一级代理商去管理。

点评：期刊社在各地寻找合适的销售商，使之获得更大的利润空间已成为业界的共识，不过，销售商处在地区不同，直接影响销量、退货和回款的时差。

8. 四种市场风险

上海科普出版社 孙伟达

出版业的同业的竞争，加剧了图书市场的系统性风险。

目前图书市场发货是没有合同的。为了抢占图书市场，提高图书市场占有率，出版社的供货方式有：供货方为主的主动配货、全国订货会、地方科技出版社订货会、订单传真等；以批发商为主的，只要一个电话或是一个传真，供货商就会给他发货，所以供货基本是没有合同约束的。

退货是没有限制的。批发商、经销商的库存由供货商承担，当前图书业最流行的就是零库存操作模式，这种操作模式，使供货商处在非常被动的地位，出版社很难掌控铺货的数量，一旦市场销售不好，所有的退货就只能由出版社承担。

结款是没有时间的。因为供货没有合同，出版社对批发商、经销商缺乏约束，当供货商提出结款时，批发商会寻找各种理由推延结款，或以退货来冲减货款。

图书市场上游风险凸现。零售商坏账转嫁给批发商、经销商，批发商、经销商的坏账最终都由供货商承担。买方市场的概念深入人心，在某一环节上，谁是上游，就由谁来承担风险，这在图书业已是不争的事实。

点评：经营者的无奈有很多，风险伴随着发货开始。

9. 薪酬体系设计

上海新华书店 庄捷

由于新华书店是一个历史悠久的老国企，在本轮改革过程中，人力资源管理工作处在一个复杂的社会环境中。为避免原纺织行业在改制过程中出现的纺织工人大规模集体上访等影响社会稳定的局面发生，各地新华书店在改制工作推进过程中，在人的问题上均表现出谨慎的态度。因此在这种大背景下，书店的许多政策在制定过程中均偏向“温和”。以目前上海地区新华书店薪酬制度为例，我们不难发现，制度中尚存在明显的“重老轻少”的问题。仅从岗位工资到销售提成系数，新进职工在同一岗位上，从工资到奖金均明显低于老职工。同时，由于企业改制原因，老职工在浮动工资部分还享有特殊照顾。正是该制度在整个企业改制过程中发挥了“稳定人心”的重要作用，确保了改革的顺利推进。而现在，在进入了新华书店的“后改制时代”，我们思考的问题也应“与时俱进”，及时更新。如何使这套薪酬制度更贴近现代企业管理制度，真正实现“多劳多得、同岗同酬”的有效激励体系，从而为书店现代化管理服务，则是新华人面临的新挑战。

用人方式过于传统:

（1）作为老国企，人员选用权力过分集中。缺乏公开民主机制，很大程度上停留在神秘化和封闭式的状态。这种权力高度集中的用人体制不仅造成信息不畅，视野不宽，透明度差，渠道狭窄，难以全面、准确、客观地评价和使用每一个员工，而且容易产生任人唯亲的弊端。

（2）目前还有很多文化企业仍然主要靠领导“相马制”。人才能否被发现和使用主要取决于是否被领导者相中，这种被动状态遏制了广大人才自我发现、自我评价、自我推荐、自我展示的主动进取精神，从而造成了严重的人才资源闲置和浪费。能上不能下，能进不能出，既堵塞才路，又影响事业发展。

（3）人员选用受论资排辈、迁就照顾等传统观念和习惯势力的影响。很大程度上不是因事设职，因职择人，而是因人设岗，因人设事；人员的升迁主要不是以实绩为准绳，而是以领导人的主观评价为依据，这就很难做到客观和公正，从而造成良莠不分，甚至颠倒黑白，优劣错位，严重挫伤广大基层员工的积极性。

（4）人员选用基本上仍在人治的轨道上运行，法制化规范和科学操作程序相对不足。以用人标准而言，从理论上讲应当是德才兼备，缺一不可；客观依据应当是一重业绩，二重公论。而在实际选用的过程中，由于缺乏具体可行的操作规程，往往因领导人的素质而大相径庭。有的重德轻才，以德代才，以“好人”为标准，用了不少庸人；有的重才轻德，以才代德，以“能人”为标准，用了不少小人和坏人。

点评：门店员工薪酬有多少？近年又涨了吗？这是一个很具象的数据，但被平均化了。

2011年1月

掌门人：实体书店如何突破

曾经十分期待的“十一五”，在众多出版发行人士的共同见证下终于硕果累累。而今，我们开始了“十二五”的起步。在过去的若干年尤其是刚刚过去的一年，中国的实体书店因为受到网络购物的便捷、阅读载体的革新和生活形态的变化等因素带来的影响，买书的渠道多元并且价格之比、便捷之较成为买书的选择标准，加上纸质图书的阅读人口下降，已经使整个业态开始发生着令人忧虑的变化。如何顺应这来势汹涌的变化并改变我们的经营态势，成为业界有识之士的共同心声。为此，笔者邀请足以代表上海实体书店基本面的当家人在此展露心声，共同为行业的现状和可期待的五年进行谋划，期望实体书店能够从容应对、积极应对，肩负读者的期盼、员工的期待和社会的责任，努力“为书找读者，为读者找书”，共同播撒书香，为学习型社会的建立和文化发展共同承担。

寻求主渠道生存发展空间

上海新华书店总经理 许鸣

上海新华书店通过优化资源配置，形成了扁平化的连锁经营管理模式。旗下网点一百余家遍布全市主要商区、街道、社区、学区，现有员工1000余名，2010年图书零售净收入逾2亿元。

回顾过去的一年，尽管上海新华书店在图书零售经营中保持了一定的增长，但不得不承认，我们在实体零售书店的经营中仍可谓是如履薄冰，只能积极转换思路，扬长避短，利用网点优势，奋力突围。图书零售是微利行业，门店如果局限于以书为主打产品，盈利能力很低，很难持久经营。这两年我们通过多元化经营，不断进行市场运作，引进、开发了不少与图书相近相关业态，以混业经营来实现门店的盈利。此外，我们在部分地区还尝试了文化MALL建设，以其他业态的投资回报反哺书业，逐步摸索、创新新形势下新华书店的经营之路。

“十二五”开局之年，也是数字时代的开始。尽管数字时代的到来，可能给传统的发行业带来深刻的变化，但我个人认为，实体书店在数字时代仍具有一定的发展空间，无可替代。通过与网络书店的差异化竞争、增值服务内涵、多元混业发展、提升卖场购书环境等差异化经营策略，实现品牌凝聚力和核心竞争力是我们实体图书经营者不懈努力的方向。作为书业从业者，我们都有一个共同的愿景，就是在健康有序的市场环境下，共同构建书香盛世。

读者在哪里，市场就在哪里

上海书城总经理　沈勇尧

2010年底，上海书城正好成立12周年。作为国内第一家由专业设计师量身打造的超大型书店，上海书城与国内书业共同蓬勃发展，从最初的年销售4000多万元增长至3亿多元，连锁门店从3家扩展到8家，覆盖了上海的中心商业区及3个次中心商业区，其中五角场、长宁等分店由于区位优势仍处于增长阶段。

从目前的市场环境看，上海书城在经营中所面临的主要问题存在两个方面：一方面是市民消费模式改变带来的严峻挑战，消费模式的改变集中表现为商业中心社区化、购买行为网络化及阅读形态电子化，随着中心城区人口大量动迁至环线以外的新型社区，原有的商业中心的集聚效应也随之分散，区域性的次商业中心迅速崛起，对原先位于中心商圈的超大型书城形成分流，虽然书城也有位于副中心商圈的连锁分店，但对于体量巨大的旗舰店而言，分店销售所能形成的补充仍然是有限的。而购买行为的网络化更是一种极端体现，读者足不出户就可以享受到低廉的价格和送货上门的服务，超大型书城的品种和环境优势都被打破。至于阅读形态的电子化，是一个令全体出版发行人焦灼的问题，虽然还没有清晰可见的运行模式，但正在、而且会深刻地引发出版行业各环节的革命性变化，其中尤其实体书店的前景堪忧。另一方面，如何在日益上涨的成本压力与零售书业低下的赢利能力之间寻求有效的平衡，也是上海书城在经营过程中不断探索和试图破解的难题。国有零售书业的利润来源要么是教材经营，要么是立足于主业的多元化开发。上海书城主业经营教材以外的一般图书和音像制品，仅以主业经营核算的话，与大多数零售书店一样，不具备赢利能力。尤其近年来上海一直处于发展上升通道，各方面的经营成本大幅上涨，而作为上市公司下属企业，对利润的要求却在不断提高。上海书城的主要赢利也是来源于建立在对客源的多层次开发基础上的多元化经营，超大型书城依靠积累的品牌效应能够聚集大量客流，无论是引进关联性的产品经营，还是进行相关的品牌合作，都能具备良好的基础。所以读者消费模式的改变带来客源的减少，将直接影响到实体书城的赢利根本。如何从环境提升、服务创新、开发产品、信息沟通等各个方面着手维护好读者群，增强读者与实体店之间的粘度，是大书城需要精耕细作的课题。

读者在哪里，市场就在哪里，实体书店除了积极应对严峻的市场形势，更要静下心来，搭建好数字管理平台，把目前实体书店卖场内的读者进行有效地转化，成为在未来也可以通过网络随时随地被找到的读者，那么无论销售实体书还是电子书，实体书店也就永远也不会有“消亡”的那一天。

改变销售模式 创新盈利模式

上海图书公司总经理 朱旗

上海图书公司是上海世纪出版股份有限公司的全资子公司，成立于1954年，以古旧书刊、新版古籍、字画艺术品的经营和图书零售为主业，旗下所属的上海古籍书店、艺术书坊、上海博古斋、艺苑真赏社、上海旧书店、特价书店等都是福州路文化街上的老招牌，目前有员工近200名，2010年图书销售码洋突破9000万元。

上图公司作为有着五十多年历史的老国企，也遭遇到了发展“瓶颈”，面临着严峻的考验。

第一，传统的书店销售模式亟待转型。如何从专业书店的定位出发，面对网络书店的冲击另辟蹊径，实现业务转型，这是摆在我们面前亟待突破的一道难题。

第二，后备人才尤其是专业人才短缺。数字化业务、字画古籍的鉴定和收购业务、图书馆配、采购业务等领域的专业要求比较高，招聘难，专业人才严重紧缺。

对于上海本土的文化企业来讲，2011年不仅是“十二五”的开局之年，也是“世博后”的第一年，如何谋划好“后世博”这篇大文章，最大限度把举办世博会带来的无形资源转化为企业发展、社会进步的重要优势，也是文化企业需要认真思考与谋划的一个重大课题。为此，上图公司正在积极谋划，以创新促转型，以改革推发展，力争在“十二五”期间取得重大突破。

一是发展数字化业务。目前已经启动古旧书业数字化特色业务发展平台，同时还将依托上海世纪出版集团的出版资源，联合数字出版单位，大力开展按需印刷业务，在网上和实体书店陈列“断版图书专架”，尽早形成业务规模。

二是文化产品多元化。由于书店本身具有集聚人气的作用，我们将围绕图书主题，拓宽渠道，进一步延伸相关产品，将经营范围拓展到形成文化产业链上产品的整合经营，形成以人气换销量的良性循环，将多年积累的资源转化成效益，向文化公司方向转型。

三是进一步加强品牌建设。不断增强品牌观念，加大品牌宣传力度，挖掘潜力，推升“艺苑真赏社”“博古斋”“九华堂”“上海旧书店”等老字号品牌的商业价值，突出“品牌、品质、品位”三位一体，使品牌项目成为上图公司乃至业内的一张名片。

同时，作为微利行业，传统书店的运营既需要自身不断创新盈利模式，也需要政府在税收、租金、政策上的保护和支持，尤其是目前面对日益逼仄的生存环境，更是需要政府伸一把手，从建设文化强市的战略高度扶持带有公益性质的实体书店。

张扬经营特色 寻求专业发展

上海外文图书公司总经理 顾斌

上海外文书店主要以外语学习类资料及海外原版进口图书为特色，同时也是文化中国类图书对外宣传销售的主要窗口，目前有各类门店70多家，员工约300人，2010年门店销售码洋5000余万元。

近年来，电子商务高速发展并不断成熟，网络销售和电子书凭借其便利、低价的优势，获得了越来越多人特别是年轻人的青睐。很多人现在想买东西都习惯先在网上使用搜索引擎搜索，对商品特点不清楚的就来实体店看样咨询，最后再通过网上比价，决定向谁购买。由于高额运营成本的约束，实体店很难在价格上取得整体优势。我们所能做的就是通过不断的技术更新，人员培养和管理，在服务项目和服务质量上寻求创新和提高。这可以说已经成为现今实体书店的立店之本，而这又恰恰是传统书店的软肋所在。

在“十二五”规划中，书店如何做实、做好“服务”是我们必须思考的问题。这不仅仅是单纯地狠抓一线员工的行为规范和劳动纪律就能解决的。我们要把“服务”的概念深深地植入到公司全体员工的思想当中。从门市到采购再到后勤保障部门，从普通员工到部门负责人再到公司领导，我们在安排处理每一件事务时，都要先考虑清楚下列几个问题：是否有站在服务对象的角度去思考？是否可以最大限度地满足服务对象的需求？采购人员在搜集图书信息时，要考虑下列的问题：手头上的资料哪些可以给门市销售人员提供帮助？哪些销售人员反馈的信息还没有落实和处理？如何利用自己的岗位优势为销售部门引入更好的资源，或者帮助减轻库存压力？送货员要多想一下自己的送货安排是否已经调整到最佳路线以满足各方面的时间要求？货物的包装是否已经足以承受路途颠簸和可能出现的气候影响？

面对重重困难 不忘文化传播

上海博库书城总经理 何建华

上海博库书城是浙江省新华书店集团公司2005年开设在上海徐汇区的一家跨省连锁店，截至2010年底上海博库书城在上海拥有门市2家，分别在宜山路和曹家渡，总的营业面积为13200平方米，经营的图书品种近25万种，员工145人，2010年全年销售突破5000万元。

目前，我们在梳理2010年的工作，谋求2011年发展的时候，发现有两个难题横在我们面前：

一、网络低折扣、电子阅读对实体店的冲击。近几年，随着互联网的迅速发展，网络书店如雨后春笋般飞速发展，网络书店的低成本、低折扣已经开始威胁实体书店的发展。一方面，网络的便捷、低价改变了人们的购买习惯；另一方面，随着电子书的问世，改变了年轻一代的阅读习惯，这也使得经营纸质图书为主的实体书店更加困难。

二、实体书店开店经营成本日益增长。图书经营业是一个微利的行业，近几年无论是用工成本还是经营费用都在不断增长，特别对上海博库书城这些外来的书店，在本地没有政策扶持和教材支撑的情况下，仅靠一般图书要实现盈利困难重重。

在“十二五”开局之际，我们也感觉到国家“十二五”文化发展将进一步加大对骨干文化企业的扶持力度，从税收减免、财政扶持、银行贷款、上市融资、土地使用等方面为其提供更大的优惠，最大限度地为文化企业提供宽松、平等的政策环境。

书店作为经营的企业，盈利是一方面，但更多的是传播先进文化、服务大众读者的社会公益责任。我们希望在“十二五”期间，有关部门能从政策上给予实体书店更多的优惠，比如在开店上的扶持、税收上的减免，等等。通过相应的法规从制度上进一步规范价格体系，从源头出版社开始进行监管，通过限折等措施进一步整治目前低价恶意竞争等现象，使书价能够趋于正常合理。

抓住机遇 迎接挑战

上海钟书实业有限公司总经理 金浩

上海钟书实业有限公司创立于1995年，是一家致力于发展图书事业的集图书策划、批发、零售为一体的民营公司。公司主营图书批发、零售、图书馆装备，兼营办公用品等，上海现有员工200余人。在上海浦东、黄浦、长宁、普陀、闸北、松江、青浦、金山、奉贤、闵行等区开设了12家连锁店和两家批发部。

虽然公司取得了这些骄人的业绩，但因我们是民营书业，我们的发展先天就有些许不足。但我们想努力改变人们对上海民营书店的偏见，人们总以为上海民营书店比不上全国水平，尤其是民营出版主业，我们决不心甘。钟书的迅速崛起，让那些偏见渐行渐远。刚刚过去的“十一五”是文化刚刚开始步入产业化的发展阶段，思路的转变和产业化逐渐成熟可能是“十二五” 时期最主要的走势，所以它既是大企业盘活存量，重新洗牌的机遇期，也是我们中小企业蓬勃发展的最佳时期。钟书一路走来，同样也遇到了越来越多的挑战和压力，如电子书的不断成熟，网上购物对我们实体书店的冲击，等等，这些都是我们面对机遇亟待解决的问题。

“十二五”期间将应对这些问题采取一系列的举措：一、巩固和扩大生产经营平稳向上的态势，深入研判形势和加大市场开拓力度。在原有的基础上加强连锁店网络建设和连锁店品牌建设。暂定再扩建10家连锁书店。扩大和增加市场份额。二、深入推进企业布局结构调整，推进联合重组，强化资源整合。以前维持快速经济增长的战略已不再，在经济发展中瓶颈制约明显加大，这就需要做一些适当的结构调整，如做大做强钟书国旅的品牌和其网络的建立。做好销售网络的建设。通过上海版销售网络、全国版销售网络建设和钟书网上商城的建立和成长，使之成为钟书今后新的增长点。同时还将开发办公用品等其他产品。三、加强自主创新和品牌的建设。经过多年打造，“钟书金牌” 已经家喻户晓，《上海作业》《每日精练》《课堂新坐标》《新教材全解》《巧学英语》《期末冲刺100分》《堂堂清》《词语的理解与运用》《字词句段篇》，还有适用全国版教材的《金试卷》《课课练》《金牌教练》等，共20多个系列一千余个品种，已成为公司的拳头品牌。“钟书金牌”畅销上海书市，还发行至全国20多个省市。发行量一年比一年攀升，2009年发行量已超过1000万册。在上海大小书店里，几乎都可以找到印有商标的“钟书金牌”教辅书。在把“钟书金牌”“作文榜样”“钟书国学”等品牌做好做强的基础上，每年策划好几套图书上市，使 “钟书金牌”的品牌永远立于不败之地。四、强化企业管理，加强内控机制建设。标准化建设是钟书今后发展壮大的保证。所以在“十二五”期间将逐步做到连锁店的标准化、配送的标准化、服务的标准化、质量的标准化。在做好以上四点的基础上还要加强和出版社的紧密合作，开发新渠道，确保公司每年1亿码洋的增长。

稳定销售 提升阅读附加值

大众书局美罗店店长 陆伟军

大众书局美罗店地处繁华的上海徐家汇美罗城四楼，以图书经营为主体，与相关文化业态相结合，发展阅读的延伸产品，根据不同市场的需求，打造“新生活文化MALL”的精品组合。经营面积约有5000平方米，经营图书品种近10万种，年销售约2000万元，员工50人。

在这个信息社会，网络营销一跃而上，逐渐变成人们的新宠，成为销售变革的催化剂。也正是因为这样的转变，让实体书店受到极大影响。越来越多的网络书店层出不穷，花样繁多，图书折扣也越来越低，让来书店买书的读者愈发减少，导致客流量直线下降，使得我们这些民营书店的未来堪忧，这是对我们的巨大挑战，亦是对一种传统的冲击，更重要的就是，现在物业方的房价已经到了很高的位置，这些都给实体书店带来了很多经营上的困难。

在“十二五”期间，为了稳定并提高民营实体书店的销售，根据自身特点，提升阅读附加值：

（1）在维护老会员的情况下，发展新会员，增加会员附加值。针对会员开展各种优惠促销活动，并在每个图书大类设会员专区，增加会员读物的品种，加大会员的打折力度，由原来的九折到八折不等。为增加会员消费，在美罗城内和其他商户沟通、洽谈、拓展会员活动，彼此资源共享，达到双赢。

（2）走进校园、商场，扩大销售份额。主动联系“大、中，小”学校及知名商户，在各处开展丰富的图书展销活动。

（3）优化图书门类。经过近期的销售趋势分析，少儿、教育类别的销售同比呈上升趋势，有增长的潜力，且这两个类别的图书受网络冲击影响较小，门店将缩小计算机类图书陈列面积，调整少儿、教育类的图书陈列，丰富图书品种等进行类别优化，增加两个大类的销售份额。

2011年3月

发行师：传统渠道该怎么做

前不久，34位在上海从事书报刊发行的资深人员参加了新闻出版行业特有工种职业技能鉴定上海站第二期出版物发行师论文答辩。在一整天的交流中大家获得了不少启迪，也反映出上海图书市场及各类发行渠道，在实体书店面临困境，传统出版面临挑战的形势下的新作为、新想法。

流通渠道的新特点

由于时代的巨变，人们获得知识的渠道和方法越来越多样化，有眼光的出版单位，除了保留原来的销售渠道外，培育和开辟了新销售渠道。图书流通渠道较以往丰富了许多，以致作为总发行的出版单位有了多样性选择的可能。

选择的发散性。零售渠道有店面书店、网上书店；批发渠道有各地的图书市场及专业批发单位；团购渠道有学校（含各种类型的培训学校）、图书馆、政府部门、企业等；返销渠道：既是“作者”、又是“读者”单位的双重身份的特殊渠道（或是最终的客户，或在市场中进行二次流通）；还有其他未显现的渠道。

供应商选择渠道的经济性。书业的艰难已是业内的共识，直接和眼前的经济效益优先是绝大部分出版单位必须采取的策略；但是出版效益的双重性又是不得不直面的问题。现在各种论坛突然多了许多，而大部分登“坛”的话题可能就是社会效益；而在走下“坛”后的供应商，则更多的考虑是选择渠道的经济性。有业内行家评估，每年至少有10%以上的品种是不进入零售市场的。

购销关系的门户性。当下购销关系的门户特性明显。

打着战略联盟也好，策略联盟也好，供应商与经销单位的购销关系大致有以下四种类型：发展新的渠道，舍弃原有的渠道；发展新的渠道，保持原有的渠道；加强原有的渠道，不发展新的渠道；加强原有的渠道，也发展新的渠道。

传统发行企业应对策略

通过收购实现数字阅读开放平台战略。对于许多出版社及聚合平台乃至于网上电子书店，都无力与全产业链盛大及汉王等竞争，但其仍都希望能够继续运营，因此一个具有开放性并提供全方位服务的平台将是他们首选的合作对象。

开放平台不仅对上游出版业者开放，对中游其他聚合平台开放，也对终端如MP4、电子书、平版电脑等硬件商开放，通过合作提供它们所欠缺的要素，如此可以整合全产业链，以开放平台的优势形成大型数字阅读产业链。

创建自有品牌阅读软件。硬件终端并非读者体验的最重要元素，软件阅读器才是读者阅读终端体验的最后一段。对于希望转型的传统纸媒发行企业，其未来公司的核心在于数字内容的整合能力，而自有品牌的阅读软件可以强化对于上游的议价能力；同时，自有品牌阅读器终端可以让自身品牌入侵其他品牌阅读器的终端，拓展与读者接触与体验的通道。

专业书店如何提升竞争力

做书店，尤其做专业书店，要做出品牌，做出知名度，做出特色，在同类书店当中要做出自己的核心价值观。例如：2010年11月15日上海胶州路发生重大火灾事故。事故反映出的是安全生产管理方面严重失职，上海建筑书店在和市建委考核中心联系中得知全市施工企业都要进行安全大培训，急需教材。他们马上把这一信息反映给中国建筑工业出版社，由出版社在7天之内提供3000套《安全生产技术》《安全生产管理》《安全生产法律法规》三本书共计9000册，到货后及时通知培训学校和施工企业，在一周内就把教材发到学校。及时、快速，满足全市施工单位的培训任务，在之后半年时间内，他们共计实现销售码洋88万元。

建立有效渠道

当前图书市场一个显著特点就是规模巨大的图书品种与数量有限的图书分销资源存在严重的冲突。《辞海》上市前，在与渠道商的沟通中，很多渠道商对该书是否能畅销也持观望怀疑态度。针对这种情况，《辞海》营销团队通过一系列的活动，增强了渠道商的信心，取得了良好的销售业绩：

开展多内容，多层次的渠道动员，扩大渠道影响。《辞海》营销团队成立了《辞海》巡回推介小组，分赴全国各地，向渠道商推介《辞海》。

动员大客户的整体力量，保障产品促销。《辞海》上市伊始，就被很多核心客户列入重点图书销售系统。如甘肃、福建、湖北、湖南、上海、山东、山西、河南、江西等省级新华书店纷纷发布内部文件，向下属销售单位分配销售指标、落实销售政策，并层层跟踪，确保《辞海》及时陈列。

利用研讨会、订货会、展销会等，开展征订工作。利用辞书联合体订货会、古籍联合体订货会、上海书展、全国图书博览会等一切机会，积极开展宣传促销活动。

关注网络销售、图书馆装备会，扩大销售渠道。积极参与当当网、卓越网的首页宣传促销，参加全国各级别的各种馆配活动。

有效的渠道商激励政策，调动渠道商的积极性。策划了“销《辞海》看世博活动”，与全国各地书店合作，共同评选出在《辞海》（第六版）销售中有突出表现的单位和个人，由社店双方共同予以表彰。

编制发行简报，及时传递销售信息。为了及时有效地传递信息，筹办了《〈辞海（第六版）〉发行简报》，刊登各地营销情况、销售排行榜、出版动态等，在出版商、渠道商、读者之间架起一道信息沟通的桥梁。

合作开展店外营销

将自身图书卖场这个内在小环境与周边商圈、学校、街道等大环境相融，借大环境的资源来推动自身品牌与企业文化的传播，就是一个有效的选择。如：在外部商圈的大型活动中寻找与书店销售相契合的着力点，积极参与。与学校、街道等企事业单位加强沟通，寻找合作项目或根据需求提供特定的点对点销售等特色店外图书营销活动，扩大书店品牌影响力，传播图书企业文化。

2011年5月，上海书城五角场店所在的五角场万达商圈举办了“51欢乐购 畅游老上海”活动，书店获悉后积极联系邀请到上海作协副主席叶辛在万达商圈活动中心举办讲座，书店配合开展现场新书签售活动，书店还精选出百余种连环画进行集中展销。

此类的店外营销活动，不仅为商圈营造出浓郁的广场文化气息，而且借力商圈的广告宣传进一步扩大了上海书城五角场店的品牌形象，挖掘书店潜在消费者。

民营书商发展对策

现在许多出版社在出版教材时都会有相应配套的电子教学资源，但总体而言这些电子资源零散、不统一。上海文图公司尝试在搭建一个教材配套教学资源信息平台，整合各出版社的电子教学资源，各院校老师在拿到教材后可以便利地在这个平台上找到自己上课所需的素材。这样一个信息平台的建立让老师可以综合评价、选择同类教材图书，从而减少同质化的出版物，促进出版资源的良性竞争。

加强与国有出版社的合作。作为直接的图书生产者和供货者，出版社在图书信息传递的及时性、准确性等方面的优势无可比拟。民营书商与院校联系沟通比较紧密，往往能在第一时间得知市场的需求。由于政策的设置，民营书商绝大部分集中在发行和零售环节，在上游的出版环节很少涉足。如果民营书商能与国有出版社合作拥有一定的出版权，凭借其与院校长久以来良好的关系及积极主动的个性化服务，在一些院校教材的出版发行上会非常有优势，并形成双赢的局面。

征订终端趋势

各种办事处、发行站、征订点等发行终端，就好像报纸发行工作所赖以支撑的脚，每到征订高峰，几乎所有的报社都会倾注大量的人力财力，依靠星罗棋布的发行站和众多的发行员，构筑起报刊发行的终端基础。虽然上海的主要报刊没有独立的自办发行体系，但是这并不影响每家报社对征订终端的重视。每年的10月至12月，就是各家报纸争夺征订终端的黄金时期。直接将发行工作做到终端上，是未来发行发展的主要趋势。正所谓得终端者得天下，失终端者失天下。

零售终端：多元化发展。过去总是认为，报纸零售的终端建设就是大张旗鼓的建书报亭，而现在来看，报纸发行的终端正在悄悄地发生着较大的变化。国外的报刊零售店面正由报刊亭转向大型店面。过去占据优势的报刊亭正逐步居于补充地位，许多城市的超市、商场里，也早已经出现了报纸零售的身影。

展示终端：瞄准“三高”。报刊展示网的构建，提高了报刊在“三高”（高消费、高收入、高文凭）读者群中的影响力，也为报刊的广告经营增加了筹码。发行的关键要抓三高读者，而这些读者多在三高区域活动，即高档社区居住，高档写字楼上班，高级消费场所消费。展示网则成为在高档消费场所提升报刊影响力的又一种有效途径。

延伸终端：电子报和阅读器。近几年来国内大多数报社推出了数字报，但绝大多数属于免费，难以实现经济效益。对绝大多数字报刊来说，数字报刊尚未找到盈利模式。从长远来看，数字报刊具有成本低、时效强等优势，既可以在线阅读，亦可以下载保存；既可以在线投稿、讨论，亦可以在线订阅，顺应了读者阅读方式趋向于数字化的变化。实践证明，大众传播与分众传播未必非此即彼，两者可以取长补短、互动互补、共同发展。

用数字载体促传统发行

我国的数字出版载体主要体现在三个方面：一是互联网平台，二是手机平台，三是手机之外的其他平台。例如像阅读器这样的手持终端平台。众多的互联网平台由于本身缺乏自主的知识产权，其审核又不严，屡屡导致各类侵权行为的产生。而手持终端平台，为了扩大市场份额，基本上也有同样的问题，所以说手持终端平台基本上就是卖机器卖设备的。现在，除了手机平台之外，其他两个平台的数字出版发展已遇到瓶颈。所以，传统出版转向数字出版还有很长的路要走。以《旅行者》为例，近两年来，不少于10家网络平台运营商都曾希望和上海旅行者文化传播有限公司合作，运作也简单，但是，大部分的条件是需要《旅行者》先赠送3个月到半年时间的试阅读，之后再正式订阅。《旅行者》现定价20元/本，而网络订阅，对方认为这种形式节省了印刷成本，所以订阅价格应为10元/本，之后，再进行五五分成。粗略看，似乎尚有可行性，但关键问题是这些网络平台最终完全没有通过数字出版来实现盈利的运作模式。由此可见，数字出版取代传统出版尤其是传统发行的话题，目前而言还是美丽的梦想。

2011年12月

江苏最美书店评选有什么启示?

2014年7月4日，在江苏苏州举办的第四届江苏书展上，揭晓了首届“江苏最美书店”：南京先锋书店五台山店、南京凤凰国际书城、张家港书城、苏州慢书房、江苏大众书局新街口店、无锡百草园书店、海门麦穗书房、博库书城徐州店、苏州古旧书店、灌南新华书店新兴路店。其中，新华书店五家，民营书店五家。

“江苏最美书店”评选由江苏省新闻出版局主办，通过自愿申报、网上投票、市局推荐、省局审核、实地复查、陈述答辩、专家评审、网上公示等步骤，最终十家书店脱颖而出。笔者一直关注最美书店的话题，并参与了江苏最美书店的评审，期望将此作为案例，提供一个有“复制”价值的样本，供业内人士借鉴。

评选条件

此次“江苏最美书店”的评选条件除明确持证守法经营外，尚要求：（1）诚实守信，信誉良好，遵守社会主义商业道德和职业道德，重合同，讲信誉，不拖欠书款，无商业欺诈行为，在同行业及社会公众中享有良好信誉和形象的实体书店。（2）积极倡导和实施全民阅读活动，引领阅读风尚和潮流，满足不同层次消费者阅读需要，文化氛围浓厚，具有鲜明经营特色和较强发展潜力的实体书店。（3）店堂内环境整洁，布局有特色，有品味，细节设计突出人文关怀，氛围温馨、宁静的实体书店。（4）图书陈列设计独特、新颖，凸显个性风格，图书摆放干净、整齐，有读者休息区，有导购服务，可以根据读者的喜好予以合理推荐的实体书店。（5）在当地有较高的知名度，有相对固定的阅读群体，是当地有影响力的城乡文化地标和文化风景。组织或参与组织各项公益活动，经营者有较强的公益爱心和社会责任感的实体书店。

统览这些“入门”条件，参评者必须是江苏省有经营资质并遵纪守法的实体书店，而且应该诚实守信、热心参与全民阅读和公益活动。同时，也从店堂设计、布局、知名度、影响力等方面提出了门槛要求。

评选步骤

据悉，在规定的时间内有75家实体书店自愿申报，这些书店在取得入选资格之后要过的第一关是市局推荐。这是这些实体书店经过多年辛勤努力后获得当地政府主管部门和媒体认可的一种价值体现。网上投票是一个亲民的环节。网上揭示的数据是在规定的时段内75家实体书店获得了227823次投票，6家书店获得1万次以上的投票，最多的一家是12901票，最少的是53票。随后，进入省局审核阶段。这个环节有长期的积累及参评者提供的首届“江苏最美书店”推荐表，书店出版物经营许可证复印件，推荐书店概况及事迹材料，展示书店风貌、开展全民阅读活动的照片，获得市级以上的荣誉证明等。实地复查，这是江苏省局的一出高招，邀请了江苏10多家出版社的发行科科长进行实地勘验，这些经过社领导确认、省局培训的人员三天内分两组走基层到通过审核的书店实地走访，通过眼睛、耳朵乃至记忆进行评分，提出复查意见。这也是一个社店交流、信息互通的契机。通过走访，还间接促进了这些社的新书上架率和营销，也使这些实体书店得到了一次业务指导。

答辩评审

评审由5位专家和10位评委组成，专家包括装帧设计专家速泰熙、《扬子晚报》记者蔡震、北京代表李忠良（中华书局）、上海代表汪耀华（上海人民出版社）、江苏省新闻出版局印刷发行处处长钱薇，评委由10家出版社分管发行业务的副社长组成。答辩基本的顺序是：陈述者陈述，专家提问陈述者答辩，陈述者退场后，专家会稍有议论，然后打分。主办者提供的一份供评委参考的评分（总分100分）依据是：书店最美特色突出，社会知名度高

（根据推荐材料打分），占60%；陈述内容反映参评书店基本概况、经营理念、特色活动，占20%；综合表现好，逻辑性强，内容正确可信，占20%。

根据议定，专家、评委的评分在统计时，专家分占总分的70%，评委分占30%。南京新华书店有限责任公司新街口店在这次评选期间处于装修停业阶段，是否最美仍有可变性，因而未入选。

在整个江苏最美书店评选中，笔者只参与了一个环节，但经过对整个过程的考量，笔者认为这是一个可资借鉴的案例。这个案例显示了政府的智慧：采纳一个大众喜闻乐见的评选名称。相关的评选以往也有星级书店、达标书店、规范书店等，但从自愿申报开始的七个步骤却充分体现了主办者的大气和有序；这类由参评者介入的评选，竞争十分激烈，可能的协调、拍板也会发生，但主办者却没有对最终结果进行修改。这次评选既是对江苏书展的一个铺垫，也是对全省实体书店品质提升和亲民体验的有效引导。对于实体书店的生存提供了样板，同时，对于实体书店的转型升级及政府对于实体书店的政策扶持都是一个标杆。

评选启示

笔者以为，如何消除对于新华书店的审美疲劳，是业内人士需要考量的。以这次评选为例，所有新华书店参评者的论述格式几乎都是统一的，社会效益讲得多、相同活动做得多、店堂店貌差异少、个性营销活动少。不过，也有一些书店让人眼睛一亮。海门麦穗书房作为海门新华书店体验阅读的实验店就值得称道。新华书店如果以此为榜样，在所在地开出几家有盈利前景的体验书店，或者进行一下专业分工，开些升级版专业书店、特色书店，则会受大众喜欢。

同样，宿迁新华书店设立宿迁作家作品展区，邳州新华书店近十年来一直在店堂里放置雨伞，并不断补充至今。在为民服务措施“有一搭没一搭”的今天，能够坚持这样做，实属不易。江阴新华书店从2008年开始每周五、六在步行街开设书香夜市，在农家书屋的基础上设立农家书店销售图书，这种坚守和创新，也具有发扬的价值。而民营书店中，先锋书店寻求不断开设不同格调的书店；苏州慢书房则设立了传统读书会、独创相书会、移动读书会等针对不同人群、不同阅读方式的读书会样式。

最美书店，首先要有盈利的前景，这是江苏众多发行人士的共识。一家需要靠政府资助造血生存的书店，其生存价值和生存时间都是存在疑问的。书店，经营咖啡等场地如何适度，也应该有个分界。是书店卖咖啡还是咖啡店卖书？当然，对于经营者而言，完全可以随心而为，但如果是政府评选书店或者资助书店经营，那就是另一个问题了。

书店经营者应该是一个文化搬运工。如何在升级转型的当下，继续过好日子，张家港新华书店是个榜样，总经理陈东的快乐父母工作室等众多设想让评委集体鼓掌叫好。如果假以时日，真可以不愧于这个先进城市和新华本真。

2014年7月

莫要缺失个性

十年前，新闻出版总署应对时局印发了《关于推进和规范出版物发行连锁经营的若干意见》的通知，提出了书业连锁经营的基本形式是以经营出版物为主，使用统一商标的若干门店或企业，在总部的统一管理下，以实现规模效益为目标的经营组织形式。出版物发行连锁经营企业应以10个以上的门店组成，实行规范化管理，做到统一标识、统一进货、统一配送、统一信息、统一服务、统一管理，可以采取直营连锁，自由（自愿）连锁和特许（加盟）连锁三种形式。

由此，中国书业在总署的一声令下，依据其他商业企业的连锁模式迅速组建连锁中心、物流中心、信息中心，等等，成为书业经营进步的标志。

十年了，今天的阅读因为有着纸质出版与数字出版的并存而使纸质出版物受到了打压，图书销售又因为实体书店受着网络书店杀伤性价格的冲击而变得困难重重。终于，新闻出版总署要开始拯救实体书店了。应该承认，如果十年之前的书业没有在经营模式上变革，没有走上集团化运作、连锁化经营，那么，等不到政府施援早就出现“前浪倒在沙滩上”了。现在倒闭的只是一些既没有课本经营又没有房产所有权的民企书业。

总署在2011年核验通过的总发行企业有94家，全国性出版物连锁经营企业22家，外商投资出版物连锁企业59家，书业能够实施连锁经营的企业，自然是省级新华书店，其他的诸如出版集团、民营发行集团或者其他行业为主兼营出版物发行的实体书店企业，一般都不大会影响大局。

只是，经过十年的连锁之路，书业尤其是主渠道新华书店（再说主渠道又有点老土，但无论在大众的记忆中还是现在的体量和门店数量，新华书店依然是书业的主渠道），呈现给大众读者的又是怎样一番景象：

人权、财权、物权因为连锁而获得高度集中，以往连而不锁的状态被击破，企业的名称变大了，领导的官衔变大了；领导的收入变多了，员工的收入却增加不多（也许是靠着把一本本书卖出去的联销计奖所致）；门店数量没有增加但标志性、复合型的新开书店却往往成为各地领导关注、爱护的对象。

连锁的诸多成效被夸大和赞颂后，我却发现书店里的出版物却没有了个性。在一个城市里的每家连锁门店展示的出版物品“你有我有大家有”，大体一样。

连锁经营后，统一格局使综合书店在品种数量、到货时间等方面获得了整体提升，专业书店却在一个连锁经营企业内部没有了生存的空间，一些依赖电脑从事流水式配送的员工哪能为小众读者选书？

连锁十年，实体书业又整体压抑之时，靠着连锁总部的集约化经营和政府可能实施的补贴，是否能在城市再现几家专业特色书店，更加温馨和人性化些？

2011年12月

回归抑或成功转身

上海新华书店又开新店了，这是一件值得关注的事情。最近的几年，透过媒体，我还是发现了新华传媒在实体书店经营策略上的被动、无奈。

6月16日，上海新华书店静安店开业，这是在遭到市政动迁关闭南京西路新华书店、受到大业主经营方向调整而使静安寺新华书店难以改变格局之后，采取“关二开一”“关小开大”的积极思路的结果。我从业的第一个岗位就是在南京西路新华书店，虽然时光匆匆，但对于那家书店的记忆，对于新开的静安店的期盼，总归是有的。

很长时间了，这次终于眼睛亮了。静安店给人以一种完全不同于以往的感受。据介绍，这是一家全新概念店，不仅有图书，还有围绕图书、文化沙龙、艺术交流展开的咖啡餐饮、动漫创意、教育培训、影视休闲等项目，是复合式文化服务体验中心。

如果由我策划一家书店，也许会有另外的空间，但是，现在的静安店是我乐见的，也看出新华传媒难得显现的智慧。

传统书店，容易被描述为沉闷、单调、格式化，处在一个阅读载体多元、电商服务强势，人们对图书的阅读需要和对实体书店的依赖出现距离的时候，假如静安店仍是以书多架多而亮相，结果只有一个：少人气、少销售。

以静安店与新华传媒旗下经营颇有心得的港汇广场新华书店经营相比。港汇店十多年的经营从开始至今一直是新华传媒旗下新华书店的榜样，这家书店曾经给港汇广场这个高档商厦带来人气品牌，后来，彼此依赖，港汇广场是上海徐汇区域的有钱人消费场所，有钱人不一定不喜欢看书，更何况有钱人不在乎折扣，但想要个好环境、热门书……

现在的静安店，新华传媒开设了一家丰富多彩的以文化新业态相支撑的大书店，容纳了综合性的新华书店及艺术书店、少儿书店、音乐书店和数字阅读的新华e店，这是一种新的尝试，等于自己开了一家港汇、万达，从大而言，是一家大型的新概念书店，从小处看，书店与相关的文化、餐饮相连，彼此带来消费者，能说不是一种尝试？

现在的静安店，是一家可以流连忘返的书店，这里的创意产品和影院都有看点。开张的那天，我对新华传媒的建议是，在这个新环境中如何选择书、服务人需要下功夫，选择合适的书，服务合适的人，以往做得不够，现在有了一个宜人的环境再不努力做生意，说不过去了。经营层对于卖书的指标也可降低一些，毕竟这个物业是自家的。如果，经营者和善一些、书店员工卖力一些，在这个城市这个空间，往后的好业绩应该是值得期盼的。

2012年7月

期待新季风不悲情

上海的季风书园，自1997年在地铁1号线陕西南路站开业迄今，因为是民营书店、因为是独立书店、因为是人文书店，而且还有文化立场，所以一直成为读书人关注、喜欢、留恋的书店。

最近的五年，季风书园也遭遇了生存的困境：网络书店分化了一部分购书者，季风成了“走过路过看过但错过买书”的空间，下单买书选择了网络书店，既可以省却百分之二三十的费用，再加上送货上门，等等。2008年场地租约到期被以市场价约谈，虽经政府及主管部门协调，终以“准市场价”续了几年，如今租期又到。据上海媒体介绍“如今，季风新址已然选定十号线上海图书馆站，属上海图书馆地盘。在历经一年半的谈判商洽后，上图以低于市场价的‘扶持价’将这块800平方米的场地分享给同样是爱书人的季风，甚至低于陕南店的店租”。移地重开，自然是一件利好之事，否则，失却一家名气在外、朴实从业的季风，对于上海的颜面也不是一件好事。

季风搬家，而且还引进了资本引进了企业家，经营权也易主了。据说，季风的新经理是上海一家实业公司的总经理，“老季风股东的股份只有很小的一部分”。原股东小宝说，原董事长严搏非作为老股东代表，会在新季风参与一定的工作。新经理于淼说：“严老师是新季风的核心，他与季风紧密不可分。”严总说，他很幸运遇到了像于淼这样的年轻人……我期待新季风，坚守原本的理念和传统，延伸品牌，相传书香。

在新季风开门前，我为严搏非先生高兴，他使季风诞生又获得延伸；佩服上海图书馆，原本上图也有一家书店，现在将自己的物业租给季风，既少收了租金，又“威胁”自办的书店，这种大义真是不易；感谢上海市新闻出版局，作为政府主管部门，多年来一直在为季风等民营书店添柴捧金。

只是，季风陕西路站的业主为什么容不下季风？这类事的迭出似乎也应该引起政府的注意。北京、上海等内地行政首长到访台北都会在诚品逗留并买书，赞叹那家书店的成功，哪天也移步到自家的书店买买书呢？

季风的明天，依然受着数字阅读、网络购书大势的冲击，坚守着的新季风留在了我们的生活中，而且，新经营者表示：“书店经营，不能怨天尤人，不能光顾着打悲情牌，而必须自给自足，谋求自救。”也许，新季风或许会成为业界的一个新样板。

2013年3月

展示书城的立场

现在，读书人无论走在哪个城市，都可以发现标志性书城，当然也有内容一样而称呼为图书大厦、购书中心，等等。这些书城大都以陈列出版物品种数十万种、经营面积数万平方米而著称，作为城市出版文化的集散地、精神文明建设的展示区、科学教育传播的陈列室而成为民众驻足、留恋的场处。

假如一座城市没有标志性书城，那么，这座城市的生机、活力、文气就会弱化，于是，我们那些书城的经营者又该如何施展才华、弘扬城市精神、展示书香魅力呢？

我想，先从书城大门主通道陈列区做起，这是书城给读者的第一眼，是透视点。书城经营人的主导性和陈列师在这里陈列展示什么？从书城的视角看是主张、是文化、是关怀也是立场，也是国家出版事业的体现；从书城看城市，也可看出什么层次的人在经营书城，这个城市的人才群体的具体体现。于是，城市标志性书城的经营人的主导性和陈列师的眼光对于一个城市的价值就可想而知了。

通常，陈列设计师被认为是终端卖场的点金人，是“商业与艺术间的行者”，他们通过自己对图书内涵、节庆所要表达的诉求理想，借助自己的专业知识，使读者在“陈列道具”、辅助商品、装饰品及灯光的衬托下闪亮登场，把原本看似没有关联的物件巧妙地组合搭配，使单个感觉呆板的商品鲜活起来，从而提高商品的美感和档次。书城陈列师，应该还是一个“文化、商业与艺术之间的舞者”，尽管之前这个行业还没有这个职务，其实，很多年前新华书店的美工就承担着这个职责，只是名称简朴了些。

卖场如舞台。通常，我们在候机楼匆匆踏进的机场书店，看见的大都是时尚、畅销、热门、单一的政经、励志、名人故事，这类书店提供的一般都是快餐式图书，能瞬间吸引眼球、坐一趟班机就能翻完。选择经营这类读物也是机场书店租金高、开销大，读者对象以消闲读物为主，提供热门书、畅销书就能在短时间内吸纳人民币，这是机场书店的特质所决定的。

如果，把机场书店的读物搬到城市标志性书城主通道陈列区，那又会怎样？

显然，从销售角度看，这也许是一个常人都能接受的，而且一些书城也会把一些能够收取广告宣传费的教辅书、重复套书集中放在这个位置。似乎这是一个既能吸引读者、满足出版方要求又能额外获利的多赢举措。虽然不能说这是见钱眼开、目光短浅、缺乏文化，但是换个角度看问题，如果这个区域陈列的是既有市场又能体现出出版成果的人文科学、社会新知和经典名著的组合，那会怎样？我想，这是棋高一着的表现，也是五星级宾馆与连锁旅店差异的元素。

其实，人们进入书城，要寻找热门书、畅销书，并非难事，但能别出心裁地展示学科本真、文化精髓和传统典籍，一定会使观者起敬、舒服。当然，这里也有一个境界的问题、一个素养的问题。

为了培育这种境界，引导阅读趋势，上海市新闻出版主管部门在即将公布的2013年出版物发行网点建设扶持资金申报指南中特别将此列入年度指南，对于标志性书城在主通道陈列区的陈列予以指导性资助。

这对于书城的经营人或陈列师而言，无疑是一个好声音。在这个舞台，换种思路陈列不再是奢望，也无愧于书城、出版乃至这个城市。

期待，上海的标志性书城先行一步，让我们进入书城就能感受到书香魅力、文化精华。

2013年3月

褚老师，因为有你……

惊悉褚钰泉老师逝世，是1月13日伊人老师给我电话时诉说的，他刚刚从秋林兄那里获知。放下电话，在一阵惊愕之余迅速联系坚忠兄，未果。再联系《文汇读书周报》原编辑、现在的《文汇报》副总编郑逸文，确信褚老师的后事也已由家属办妥，不禁深深地怆然……

于是，在更加关注并转发彼此熟友的微信的同时，常常进入往事追忆之中，回忆与褚老师的交往并寄托哀思……

在褚老师去世前的几个月内，因为伊人师的介绍，使我与陈贤德老师（阿德哥）彼此相熟，我们一起鼓动阿德哥在上海书店出版社出版了《长路经行见屐痕》。为了这本书，由着阿德哥，我叨陪末座地先后在小绍兴、燕云楼等酒家参加聚餐，那时，因为居家在进行装饰，我等最后一次庆祝此书出版的聚餐时，褚老师缺席了。这一次的缺席，使我等与褚老师从此天各一方。

褚老师从《文汇读书周报》告退后的近十年，我们的交往，都是聚餐，应雷群明老师、伊人老师、坚忠兄等人召集，我们彼此多次相聚。褚老师在主编《悦读》，我在主编《中外书摘》，他依然常常鼓励我，每次相见也总为我未被“重用”而遗憾，且不断在不太熟悉的同道中隆重地推荐我，这使我十分惭愧，也使我不断努力。褚老师一直希望我能为《悦读》撰文，我却除了在《中外书摘》多次刊摘《悦读》的佳作外，一直没有撰文，想着来日方长，现在已经后悔莫及了。

我学习写文章，得益于1985年3月创刊的《文汇读书周报》郦国义老师、褚老师等颇多。尤其是褚老师，我一直很感激。那时，我常常在周一下午从四川中路上海新华书店步行到虎丘路直接把稿件送到周报，周四下午再去就可以拿到刚出厂的报纸了。我在文汇报社食堂就餐也都是褚老师请客的。由于褚老师不断鼓励，前一周交稿时议下下周的选题，写读书活动内容、写书业评述、写读书感受，成为周报的“写手”，那种投稿生涯，实在是十分愉快的。而且，源源不断的稿费也使我可以放松地聚书。那时，我在上海新华书店图书宣传科谋职，人来客往地经常举办一些读书活动（签名售书、作品研讨、读书报告会），周报是我可以详尽记载活动内容的媒体，而且，有重大题材，如《巴老，谢谢您！——上海百名作家赈灾义卖巴金七种签名书“拍卖”纪详》（1993年11月13日）、《“远东第一书店”命运感叹》（1993年12月4日）等等，我都可以写满整版。年轻时有这种机会，真是幸福。近日，在与学术书苑陈木林、严钟麟、陈政等旧同仁相聚时，我们用了很长时间一起缅怀褚老师对学术书苑的支持和鼓励。因为如果没有褚老师和周报，曾经的学术书苑不会如此红火；没有褚老师和周报，南东书店可能会提前十年退出市场……

1992年1月，浙江人民出版社出版了由《文汇读书周报》编辑部主编的《现代人读书知识大观》，褚老师为此特别邀我撰写了一篇《特色鲜明的中国读书大潮》的综述，作为全书第一篇文章刊出，同时刊出了我在1985年12月28日周报上刊出的《世界十大书展》（该文曾被《新华文摘》等摘录）。从1991年到1994年，我在主持编印《书业行情》（内刊）的同时，还在周报刊出“双周书情”（起初是半月热门书排行榜），分文艺类和非文艺类各刊出五种书目，后来因为其中的个别书目使人不太满意而终止。

曾被称为我国持续时间最悠久的中型书展——文汇书展，是由周报主办的，我曾以“上海《书业行情》编辑部”的名义承办了第八、九届书展，与褚老师、周报的关系从投稿撰稿发展到合作办展的阶段。

第八届文汇书展是1993年3月19日至29日由周报与杭州西泠电器（集团）公司主办，上海《书业行情》承办，参加书展的有上海工具书店、中国科技图书公司、上海外文书店、上海古籍书店、新华书店上海版图书贸易中心、上海省版书店、南京东路新华书店和三联书店杭州分销店等八家书店，提供三万多种书，销售四十三万元。

第九届文汇书展1994年3月25日至4月4日举行，上海南京东路新华书店、上海新华书店图书批销中心、上海古籍书店、外文书店、上海医学书店、中国经济书店上海二店、上海建筑书店、上海省版书店、上海工具书店参展，最终以七十万元的销售额和五万多读者的流量赢得了皆大欢喜的结果。不过，当年4月9日周报一版刊出了《书展，是否越办越难办？》：“本届文汇书展的场地费尽管已被优惠，仍然比去年增加了53%，保安费增加了三倍，而且已是最初商谈的价格的一半。同样是增加，销售增加了60%，可费用开支却大大增加了，尽管如此，书展的入场券依然是0.20元一张，而且是多年不变。”

文汇书展是周报在搭建作者、出版者与读者之间的桥梁时发现不畅、阻塞而兴办的一项经营活动，目的是打通上下游通道，实现“为书找读者、为读者找书”的目的，在几乎不盈利的基础上坚持十二年，殊属不易。客观地说，第八、九届文汇书展，因为我等有着上海新华书店图书宣传科的背景，是区、县新华书店的上级部门、图书美工宣传的职能部门，加上与上海各类书店领导层的友好关系，以及对收支的把控，使这两届书展的形象、广告、宣传都有所提升，而且在经营上也稍有盈收。

文汇书展从1986年开始到1997年共举办了十二届，因为市场发生了变化、上海书城的开业和更大规模的上海书市（上海读书节），终使文汇书展只能存在于爱书人的记忆之中。

我是文汇书展每届必至的读者，而且，都能承褚老师的厚爱而持“请柬”入场。在第八、九届之前，限于身份，不便登场打理；第九届之后，经过锻炼在1995年创办了上海书香广告策划有限公司，相继承办了中国出版成就展上海馆和首届上海图书节暨’96上海书市等。后来，一直在为已经连续开展十二年的上海书展出力。回想一下，正是因为在1993年、1994年承办文汇书展期间获得的全面实践，才使我在后来的各类书展中得以冲锋陷阵。未能继续为文汇书展和褚老师尽力，实在也是身不由己。

褚老师是看着我成长的前辈，对于我后来的“好大喜功”也一直在给予提醒……这种提醒和鼓励，一直伴随着我成长，褚老师常常为我“不平”，为我“叫屈”，看见我这几年工作平稳、业余研究中国近现代出版史的刻苦和成绩，又是叫好不断……

现在，褚老师匆匆而别。但是，褚老师的鼓励和期盼，我是不会忘记的。因为，只有记得褚老师等前辈和同辈的好，才能使我努力为社会尽力，否则，会难为情的。

2016年3月

后 记

重读收入本书的各篇有些敝帚自珍的文章，感觉自己还算是一个勤业、努力的人。

收入本书的文章大致有三部分：第一部分是个人近年因事而写、有感而发的作文，第二部分是邀请业内人士共同探讨行业话题的结集，第三部分两篇是承接中国民主促进会上海市委课题的内容。

特别感谢《新民晚报》贺小钢、王瑜明，《文汇报》刘迪，《联合时报》潘良蕾，《中国图书商报》郭虹、金霞、蓝有林、张倩，《新华人》姚芳芳等本书各篇文章刊发在媒体时的责任编辑。现在对照原稿和剪报，也发现了原稿的多处错漏，感受着各位编辑的智慧。

继续感谢柏伟兄的宽容，使本书得以出版。

感谢蔡达峰教授的序，使我前行更有方向。

处在一个变化太快的时代，有暇停下脚步回望走过的路，虽然也有遗憾，但留存较多的还是种种曾经的欣喜……

汪耀华

2016年6月20日

图书在版编目（CIP）数据

留存着的书业时光 / 汪耀华著. --上海：上海书店出版社，2016.7
ISBN 978-7-5458-1291-6

Ⅰ.①留… Ⅱ.①汪… Ⅲ.①出版工作—中国—文集 Ⅳ.①G239.2-53

中国版本图书馆CIP数据核字（2016）第151031号

留存着的书业时光
汪耀华 / 著
责任编辑 / 杨柏伟　邢　侠
技术编辑 / 丁　多　装帧设计 / 王　蓓
上海世纪出版股份有限公司上海书店出版社出版
上海世纪出版股份有限公司发行中心发行
上海福建中路193号　邮政编码　200001
www.ewen.co
全国各地书店经销
苏州市越洋印刷有限公司印刷
开本 787×1092　1/32　印张 9.5
2016年7月第1版　2016年7月第1次印刷
ISBN 978-7-5458-1291-6/G.106
定价：35.00元